KB043832

MP3 다운로드 방법

컴퓨터에서

- 네이버 블로그 주소란에 **www.lancom.co.kr** 입력 또는 네이버 블로그 검색창에 **랭컴**을 입력하신 후 다운로드

- **www.webhard.co.kr**에서 직접 다운로드
  아이디 : **lancombook**
  패스워드 : **lancombook**

스마트폰에서

COLUM BOOKS

콜롬북스 앱을 통해서 본문 전체가 녹음된 **MP3** 파일을 **무료**로 **다운로드**할 수 있습니다.

- 구글플레이 · 앱스토어에서 **콜롬북스 앱** 다운로드 및 설치
- 회원 가입 없이 원하는 도서명을 검색 후 **MP3 다운로드**
- 회원 가입 시 더 다양한 **콜롬북스** 서비스 이용 가능

▶ mp3 다운로드

www.lancom.co.kr에 접속하여 **mp3**파일을 무료로 다운로드합니다.

▶ 우리말과 원어민의 1 : 1 녹음

책 없이도 공부할 수 있도록 원어민 남녀가 자연스런 속도로 번갈아가며 영어 문장을 녹음하였습니다. 우리말 한 문장마다 원어민 남녀 성우가 각각 1번씩 읽어주기 때문에 보다 더 정확한 발음을 익힐 수 있습니다.

▶ mp3 반복 청취

교재를 공부한 후에 녹음을 반복해서 청취하셔도 좋고, 원어민의 녹음을 먼저 듣고 잘 이해할 수 없는 부분은 교재로 확인해보는 방법으로 공부하셔도 좋습니다. 어떤 방법이든 자신에게 잘 맞는다고 생각되는 방법으로 꼼꼼하게 공부하십시오. 보다 자신 있게 영어를 할 수 있게 될 것입니다.

▶ 정확한 발음 익히기

발음을 공부할 때는 반드시 함께 제공되는 mp3 파일을 이용하시기 바랍니다. 언어를 배울 때 듣는 것이 중요하다는 것은 두말할 필요가 없습니다. 오랫동안 자주 반복해서 듣는 연습을 하다보면 어느 순간 갑자기 말문이 열리게 되는 것을 경험할 수 있을 것입니다. 의사소통을 잘 하기 위해서는 말을 잘하는 것도 중요하지만 상대가 말하는 것을 정확하게 듣는 것이 더 중요하다고 합니다. 활용도가 높은 기본적인 표현을 가능한 한 많이 암기할 것과, 동시에 원어민이 읽어주는 문장을 지속적으로 꾸준히 듣는 연습을 병행하시기를 권해드립니다. 듣는 연습을 할 때는 실제로 소리를 내어 따라서 말해보는 것이 더욱 효과적입니다.

포켓북

왕초보 영어회화 사전

포켓북
왕초보 영어회화 사전

2018년 12월 05일 초판 1쇄 인쇄
2023년 07월 15일 초판 9쇄 발행

지은이 이서영
발행인 손건
편집기획 김상배, 장수경
마케팅 이언영
디자인 이성세
제작 최승용
인쇄 선경프린테크

발행처 ***LanCom*** **랭컴**
주소 서울시 영등포구 영등포동4가 146-5
등록번호 제 312-2006-00060호
전화 02) 2636-0895
팩스 02) 2636-0896
홈페이지 www.lancom.co.kr

ⓒ 랭컴 2020
ISBN 979-11-89204-22-8 13740

이 책의 저작권은 저자에게 있습니다. 저자와 출판사의 허락없이
내용의 일부를 인용하거나 발췌하는 것을 금합니다.

하고 싶은
말을 바로 찾아
써먹는다!
내손에
펼쳐진
포켓북

왕초보 영어회화 사전

이서영 지음

LanCom
Language & Communication

들어가며

영어가 중요하지 않았던 적이 이제껏 한 번이라도 있었을까마는 최근에는 인터넷상에서 정보나 지식을 공유하기 위한 의사소통의 수단으로서 영어의 중요성이 더욱 부각되고 있습니다. 이제까지 회화라고 하면 그저 많이 듣고 많이 따라 말하면 되는 줄 알았지만 이제 시간만 낭비하는 헛된 노력은 그만!
읽기 듣기 말하기 쓰기 4단계 영어 공부법은 가장 효과적이라고 알려진 비법 중의 비법입니다. 아무리 해도 늘지 않는 영어 공부, 이제 **읽듣말쓰 4단계**공부법으로 팔 걷어붙이고 달려들어 봅시다!
이 책은 휴대가 간편한 포켓북으로 제작되어 시간과 장소에 구애받지 않고 언제 어디서든 하고 싶은 말을 즉석에서 찾아 말할 수 있습니다.

읽기

왕초보라도 문제없이 읽을 수 있도록 원어민 발음과 최대한 비슷하게 우리말로 발음을 달아 놓았습니다. 우리말 해석과 영어 표현을 눈으로 확인하며 읽어보세요.

- 같은 상황에서 쓸 수 있는 6개의 표현을 확인한다.
- 우리말 해석을 보면서 영어 표현을 소리 내어 읽는다.

듣기

책 없이도 공부할 수 있도록 우리말 해석과 영어 문장이 함께 녹음되어 있습니다. 출퇴근 길, 이동하는 도중, 기다리는 시간 등, 아까운 자투리 시간을 100% 활용해 보세요. 듣기만 해도 공부가 됩니다.

- 우리말 해석과 원어민 발음을 서로 연관시키면서 듣는다.
- 원어민 발음이 들릴 때까지 반복해서 듣는다.

쓰기

영어 공부의 완성은 쓰기! 손으로 쓰면 우리의 두뇌가 훨씬 더 확실하게, 오래 기억한다고 합니다. 별도의 쓰기노트를 준비하여 적어도 3번 정도 또박또박 쓰면서 공부하다 보면 생각보다 영어 문장이 쉽게 외워진다는 사실에 깜짝 놀라실 거예요.

- 먼저 기본 문장을 천천히 읽으면서 따라쓴다.
- 원어민의 발음을 들으면서 써본다.
- 표현을 최대한 머릿속에 떠올리면서 쓴다.

말하기

듣기만 해서는 절대로 입이 열리지 않습니다. 원어민 발음을 따라 말해보세요. 계속 듣고 말하다 보면 저절로 발음이 자연스러워집니다.

- 원어민 발음을 들으면서 최대한 비슷하게 따라 읽는다.
- 우리말 해석을 듣고 mp3를 멈춘 다음, 영어 문장을 떠올려 본다.
- 다시 녹음을 들으면서 맞는지 확인한다.

대화 연습

문장을 아는 것만으로는 충분하지 않습니다. 대화를 통해 문장의 쓰임새와 뉘앙스를 아는 것이 무엇보다 중요하기 때문에 6개의 표현마다 Mini Talk를 하나씩 두었으며, Check Point!를 통해 회화의 감각을 익히도록 하세요.

- 대화문을 읽고 내용을 확인한다.
- 대화문 녹음을 듣는다.
- 들릴 때까지 반복해서 듣는다.

이 책의 내용

PART 01 기본편

감정 표현

화제 표현

취미와 여가 표현

PART 02 여행편

PART 03 일상편

PART 01

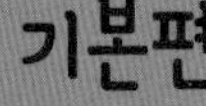

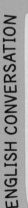

-BASIC-

인사표현

대화·의사표현

자기소개 표현

감정표현

화제표현

취미와 여가 표현

학습일 /

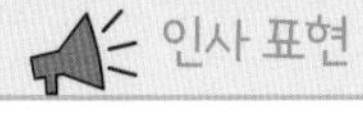

일상적으로 인사할 때

A: **Good morning, Tom.**

굿모닝, 탐

안녕하세요, 톰.

B: **Good morning, Jane.**

굿모닝, 제인

안녕하세요, 제인.

Check Point!

동서양을 불문하고 인간관계에 있어 인사는 매우 중요한 예절이에요. 누구를 만나든 인사로 시작해서 인사로 끝나니까요. 하지만 외국인과 만나 자연스럽게 인사를 나누는 것은 그리 쉽지 않죠. 자신감을 가지려면 다양한 상황에서 쓸 수 있는 인사말을 익혀둬야 해요. 천리 길도 한 걸음부터! 한꺼번에 외우려고 애쓰지 말고 쉽고 가벼운 인사말부터 시작해요!

Basic Expression

안녕하세요! (아침인사)

Good morning!

굿 모닝

안녕하세요! (낮인사)

Good afternoon!

굿 앱터눈

안녕하세요! (밤인사)

Good evening!

굿 이브닝

안녕히 주무세요!

Good night!

굿 나잇

안녕하세요! / 안녕!

Hello! / Hi!

헬로우 / 하이

좋은 하루 되세요.

Have a nice day!

해버 나이스 데이

□ □ □

A: 안녕하세요, 톰.

B: 안녕하세요, 제인.

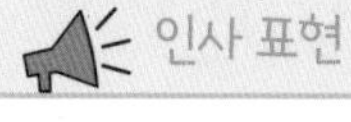

근황을 물을 때

A: **Hi, Tom. How's it going?**

하이, 탐. 하우즈 잇 고잉

안녕, 톰. 어떻게 지내세요?

B: **Pretty good. And you?**

프리티 굿, 앤드 유

아주 잘 지내요. 당신은요?

가장 무난하게 누구에게나, 아무 때나 쓸 수 있는 인사말은 How are you?(안녕하세요?)예요. 그 밖에도 근황을 묻는 인사말은 How로 시작하는 인사말과 What으로 시작하는 인사말로 나눌 수 있어요. How 인사말은 "어떻게 지내요?"라고 기분과 컨디션을 물어보는 것이고, What 인사말은 상대방의 근황을 좀 더 디테일하게 질문하는 거예요.

Basic Expression

어떻게 지내셨어요?

How have you been?

하우 해뷰 빈

어떻게 지내세요?

How are you doing?

하우 알 유 두잉

요즘 어때요?

How's everything?

하우즈 애브리씽

뭐 새로운 소식 있어요?

What's new?

왓츠 뉴

별일 없어요?

What's going on?

왓츠 고잉 온

가족분들은 잘 지내시죠?

How's your family?

하우즈 유얼 패멀리

A: 안녕, 톰. 어떻게 지내세요?

B: 아주 잘 지내요. 당신은요?

□ □ □

학습일 / ☐

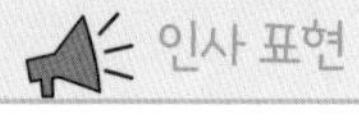

처음 만났을 때

A: Hi, I'm Jane. Nice to meet you.

하이, 아임 제인. 나이스 투 밋츄

안녕하세요, 제인이에요. 만나서 반가워요.

B: Hi, Jane, Pleasure to meet you. I'm Tom.

하이, 제인, 프레줘 투 밋츄. 아임 탐

안녕하세요, 제인. 만나서 기뻐요.
난 톰이에요.

처음 만난 외국인과 인사하는 것은 사실 생각처럼 쉽지 않아요. 게다가 격식 있는 자리인지 가벼운 친구 소개인지, 상대가 남자인지 여자인지 어른인지 아이인지, 혼자 만나는지 여럿이 만나는지, 앞으로 오래 봐야 할 사람인지 그냥 지나치는 사람인지 상황도 엄청나게 다양하죠. 하지만 첫인사는 결국 다 비슷비슷해서 몇 가지만 알면 돼요.

Basic Expression

만나서 반갑습니다.

I'm glad to meet you.

아임 글랫 투 밋츄

저 역시 만나서 반갑습니다.

Glad to meet you, too.

글랫 투 밋츄, 투

만나서 기뻐요.

Nice to meet you.

나이스 투 밋츄

만나서 반가워요.

Good to meet you.

굿 투 밋츄

만나서 기뻐요.

It's a pleasure to meet you.

잇처 프레줘 투 밋츄

말씀은 많이 들었습니다.

I've heard a lot about you.

아이브 허드 어 랏 어바웃 유

□ □ □

A: 안녕하세요, 제인이에요. 만나서 반가워요.

B: 안녕하세요, 제인. 만나서 기뻐요. 난 톰이에요.

오랜만에 만났을 때

A: It's nice to see you again! It's been ages.

잇츠 나이스 투 씨 유 어게인! 잇츠 빈 에이쥐스

다시 만나서 반가워요. 오랜만이에요.

B: Same here, Jane. How have you been?

쎄임 히얼, 제인. 하우 해뷰 빈

저도요, 제인. 그동안 어떻게 지내셨어요?

오랜만에 만났을 때 가장 일반적으로 쓰는 인사 표현은 It's been a long time.(오랜만입니다)입니다. 친구 사이에서는 Long time no see.(오랜만이야!)를 가장 많이 쓰죠. 이어지는 표현은 Time flies.(세월 참 빠르네요) / It's good to see you again.(다시 만나 반가워요) / You haven't changed at all.(하나도 안 변하셨어요) / I've missed you.(보고 싶었어요) 등이 있어요.

오랜만이에요.

It's been a long time.

잇츠 빈 어 롱 타임

정말 오랜만이에요.

It's been so long.

잇츠 빈 쏘 롱

오랜만이야.

Long time no see.

롱 타임 노 씨

그동안 어떻게 지내셨어요?

How have you been?

하우 해뷰 빈

오랜만이네요, 그렇죠?

It's been a long time, hasn't it?

잇츠 빈 어 롱 타임, 해즌팃

다시 만나니 반가워요.

I'm glad to see you again.

아임 글래드 투 씨 유 어게인

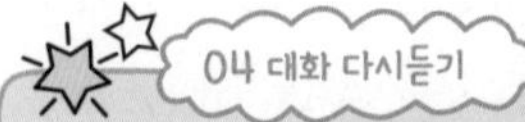

A: 다시 만나서 반가워요. 오랜만이에요.

B: 저도요, 제인. 그동안 어떻게 지내셨어요?

우연히 만났을 때

A: Look who's here! How are you, Jane?

룩 후즈 히얼! 하우 알 유, 제인

아니 이게 누구야! 잘 있었어, 제인?

B: Just fine, Tom. Good to see you again.

저슷 퐈인, 탐. 굿 투 씨 유 어게인

잘 지내죠, 톰. 다시 만나 반가워요.

어디서 우연히 아는 사람을 만나면 왠지 놀랍고 반가운 기분이 들죠? 그래서 약간 과장된 표현을 하게 됩니다. 가장 자주 쓰는 인사는 Look who's here!(이게 누구야!) / What brings you here?(여긴 어쩐 일이세요?) 등의 간단하고 경쾌한 표현이죠. 친하지 않은 사람이라면 I didn't expect to see you here.(여기서 만날 줄은 생각도 못했네요) 정도로 인사하면 무난해요.

Basic Expression

웬일이니!

What a surprise!

와러 서프라이즈

이게 누구야!

Look who's here!

룩 후즈 히얼

세상 정말 좁군요.

What a small world!

와러 스몰 월드

여긴 어쩐 일이세요?

What brings you here?

왓 브링스 유 히얼

당신을 이런 곳에서 만나다니 대박!

Fancy meeting you here!

팬시 미팅 유 히얼

(보고 싶던 참이었는데) 마침 잘 만났어요.

Just the person I wanted to see!

저슷 더 펄슨 아이 원팃 투 씨

□ □ □

A: 아니 이게 누구야! 잘 있었어, 제인?

B: 잘 지내죠, 톰. 다시 만나 반가워요.

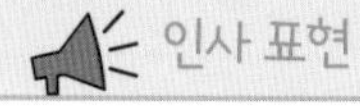

헤어질 때

A: Good bye, Jane. Say hello to Tom.

굿 바이, 제인. 쎄이 헬로우 투 탐

잘 있어, 제인. 톰에게 안부 전해줘.

B: I will. Say hello to Dick, too.

아이 윌. 쎄이 헬로우 투 딕, 투

그럴게. 딕에게도 내 안부 전해줘.

매일 만나는 사람, 오랜만에 만난 사람, 우연히 만난 사람, 멀리 여행을 떠나는 사람 등 헤어질 때 쓸 수 있는 인사말은 상황마다 아주 다양해요. 하지만 초보자들은 일단 어떤 상황이든 공통적으로 쓸 수 있는 기본표현부터 익히는 것이 중요해요. Good bye.(안녕히 가세요) / See you later.(나중에 봐요) 등의 쉽고 간단한 관용 표현들을 먼저 익혀 적절하게 활용해 보세요.

안녕히 가세요(계세요)!

Good Bye!

굿 바이

몸조심하세요.

Take care of yourself.

테익 케어롭 유어셀프

나중에 봐요.

See you later.

씨 유 래이더

또 봐요.

See you around.

씨 유 어롸운드

곧 다시 만나요.

See you again soon.

씨 유 어게인 쑨

브라운에게 안부 전해 줘요.

Say hello to Brown.

쎄이 헬로우 투 브라운

A: 잘 있어, 제인. 톰에게 안부 전해줘.

B: 그럴게. 딕에게도 내 안부 전해줘.

고마울 때

A: **Thank you for helping me.**

땡큐 풔 헬핑 미

도와주셔서 고맙습니다.

B: **You're welcome.**

유아 웰컴

천만에요.

영어권 사람들은 thank you.를 거의 입에 달고 산다고 해도 과언이 아니에요. 꼭 그래서는 아니지만 아무튼 누군가에게 도움을 받았을 때는 반드시 인사를 해야 합니다. 감사 표현은 주로 Thank you (for) ~.나 I appreciate your ~. 패턴을 사용하는데 기본적으로 thank는 사람 또는 행위에 대해(뒤에 for를 붙여서) 모두 쓸 수 있고, appreciate는 행위에 대해서만 씁니다.

Basic Expression

고마워요.

Thank you. / Thanks.

땡큐 / 땡스

너무 고마워요.

Thanks a lot.

땡스 어 랏

진심으로 감사드립니다.

I heartily thank you.

아이 하틸리 땡큐

와 주셔서 감사합니다.

Thank you for coming.

땡큐 풔 커밍

호의에 감사드립니다.

I appreciate your kindness.

아이 어프리쉬에잇 유얼 카인드니스

도와주셔서 감사합니다.

Thank you for helping me.

땡큐 풔 핼핑 미

☐ ☐ ☐

A: 도와주셔서 고맙습니다.

B: 천만에요.

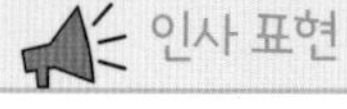

미안할 때

Mini Talk

A: **I'm sorry I'm late.**

아임 쏘리 아임 레잇

늦어서 죄송해요.

B: **That's all right.**

댓츠 올 롸잇

괜찮아요.

Check Point!

실수나 잘못에 대해 사과할 때는 보통 I'm sorry.(미안합니다)나 Excuse me.(미안합니다/실례합니다)라는 표현을 사용하고, 보통 That's all right.(괜찮습니다) 정도로 대답합니다. Excuse me.는 거의 Thank you.만큼이나 자주 쓰지만 I'm sorry.는 아주 신중하게 사용해요. 그냥 가벼운 사과가 아니라 모든 책임을 인정한다는 사죄의 의미가 들어있기 때문이죠.

정말 죄송해요.

I'm very sorry.

아임 베리 쏘리

미안해요, 괜찮으세요?

Sorry, are you all right?

쏘리, 알 유 올 롸잇

사과드립니다.

I apologize to you.

아이 어팔러좌이즈 투 유

용서해 주십시오.

Please forgive me.

플리즈 풔깁 미

늦어서 미안해요.

I'm sorry for being late.

아임 쏘리 풔 빙 레잇

제가 한 말에 대해 사죄드립니다.

I apologize for what I said.

아이 어팔러좌이즈 풔 워라이 셋

□ □ □

A: 늦어서 죄송해요.

B: 괜찮아요.

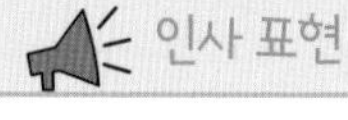

축하할 때

A: I am happy. I just heard I passed my exam.

아이 엠 해피. 아이 저슷 허드 아이 패스트 마이 이그젬

행복해. 방금 내가 시험에 합격했다고 들었어.

B: Congratulations!

컹그래춰레이션스

축하해!

Congratulations!는 노력해서 목적을 성취했거나 경쟁에서 승리했을 때 축하하는 표현입니다. 일반적으로 입학, 졸업, 취업 또는 무슨 대회에서 상을 타거나 합격했을 때 쓰는 축하 표현이죠. 그래서 원래는 결혼식에서 신랑 신부에게 쓸 수 있는 축하 표현이 아니지만 워낙 대표적인 축하 표현이다 보니 요즘은 그냥 두루두루 많이 쓰는 것 같아요. 끝에 -s 붙이는 거 잊지 마세요!

축하합니다!

Congratulations!

컹그래춰레이션스

생일 축하해요.

Happy birthday to you!

해피 벌쓰데이 투 유

결혼을 축하해요.

Congratulations on your wedding!

컹그래춰레이션스 온 유얼 웨딩

성공을 축하드립니다.

Congratulations on your success.

컹그래춰레이션스 온 유얼 썩세스

우리의 승리를 자축합시다.

Let's celebrate our victory!

렛츠 샐러브레잇 아워 빅터리

늦었지만 생일 축하해요.

It's late, but happy birthday!

잇츠 레잇, 벗 해피 벌쓰데이

A: 행복해. 방금 내가 시험에 합격했다고 들었어.

B: 축하해!

□ □ □

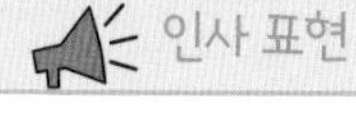

환영할 때

A: I'm Jane White. I'm the new recruit here.

아임 제인 화잇. 아임 더 뉴 리쿠르트 히얼

제인 화이트입니다. 신입사원이에요.

B: Hi, Jane. Welcome aboard! I'm Paul Brown.

하이, 제인. 웰컴 어보드! 아임 폴 브라운

안녕하세요, 제인. 입사를 환영합니다.
저는 폴 브라운이에요.

누군가를 환영할 때 가장 많이 쓰는 표현은 Welcome!이죠. 언제 어디서나 쓸 수 있는 가장 쉽고 간단하고 무난한 표현이에요. 상황에 따라 Welcome to my home.(어서 오세요) / Welcome to Korea.(한국에 오신 것을 환영해요) / Welcome aboard.(입사를 축하해요) / Glad to have you with us.(같이 일하게 되어 반가워요) 등으로 기쁘게 환영하는 마음을 표현해 주세요.

환영합니다!

Welcome!

웰컴

돌아오신 걸 환영합니다.

Welcome back.

웰컴 백

입사를 환영합니다.

Welcome aboard.

웰컴 어보드

한국에 오신 것을 환영합니다.

Welcome to Korea.

웰컴 투 코리어

아무 때나 오세요.

You are welcome at any time.

유 알 웰컴 앳 애니 타임

진심으로 환영합니다.

I welcome you with my whole heart.

아이 웰컴 유 윗 마이 호울 핫ㅌ

□□□

A: 제인 화이트입니다. 신입사원이에요.

B: 안녕하세요, 제인. 입사를 환영합니다. 저는 폴 브라운이에요.

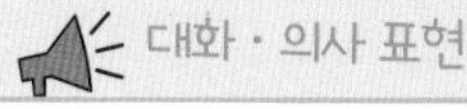

사람을 부를 때

A: Excuse me, ma'am. I think you dropped this.

익스큐즈 미, 맴. 아이 씽큐 드랍트 디스

저기요, 아주머니. 이거 떨어뜨리신 것 같아요.

B: Oh, thanks a lot.

오, 땡스 어 랏

어머, 고마워요.

미국인은 친구, 동료는 물론, 손윗사람이나 직장 상사를 부를 때도 이름을 부르는 것이 일반화되어 있고, 또 이름을 불러주는 것을 좋아합니다. 우리 문화에서는 정말 어색한 일이지만 로마에 가면 로마법을 따라야 하는 법이죠. 말을 걸거나 부를 때는 Hello! / Hi! / Hey! / Excuse me. 등을 흔히 쓰는데 Hey!는 반말처럼 들릴 수도 있으니 조심하세요!

여보세요.

Hello. / Hi.

헬로우 / 하이

이봐, 자네!

Hey, you!

헤이, 유

저기요.

Waiter! / Waitress!

웨이러 / 웨잇트리스

저(잠깐만요).

Listen. / Look here.

리슨 / 룩 히얼

저, 여보세요? (남자일 경우)

Excuse me, sir?

익스큐즈 미, 써ㄹ

저, 여보세요? (여자일 경우)

Excuse me, ma'am?

익스큐즈미, 맴

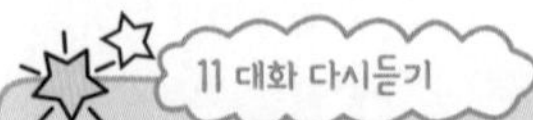

□□□

A: 저기요, 아주머니. 이거 떨어뜨리신 것 같아요.

B: 어머, 고마워요.

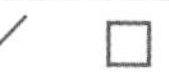

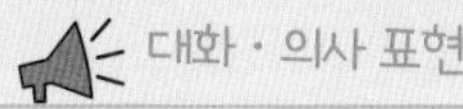

맞장구칠 때

A: **I'm proud of my job.**

아임 프라우드 옵 마이 잡

난 내 직업에 자부심이 있어요.

B: **Are you?**

알 유

그래요?

대화할 때 상대방의 말에 호흡을 맞추면서 적절하게 맞장구치는 습관을 들이면 아주 인기 있는 사람이 될 수 있어요. 누구나 자기 말을 적극적으로 잘 들어주는 사람을 좋아하니까요. 상대의 말에 긍정적으로 맞장구칠 때는 That's right.(맞아) / Sure.(물론이지), 부정할 때는 I don't think so.(난 그렇게 생각하지 않아) / It's not true.(그렇지 않아) 등으로 표현합니다.

Basic Expression

그래요?

Is that so?

이즈 댓 쏘

맞아요.

Right.

롸잇

알겠어요.

I see.

아이 씨

그거 좋군요.

That's good.

댓츠 굿

아니오, 그렇게 생각지 않아요.

No, I don't think so.

노, 아이 돈ㅌ 씽 쏘

참 안됐네요.

That's too bad.

댓츠 투 뱃

A: 난 내 직업에 자부심이 있어요.

B: 그래요?

되물을 때

A: I'm going to New York next week.

아임 고잉 투 뉴욕 넥스트 윅

다음 주에 뉴욕에 갈 거야.

B: Going where?

고잉 웨얼

어디에 간다고?

외국어로 대화를 나누는 것은 절대로 쉬운 일이 아니죠. 그러니 영어를 제대로 이해하기 위해서라도 상대의 말이 빠르거나 알아들을 수 없는 말이 나오면 그냥 넘어가지 말고 확실하게 되묻는 습관을 길러야 해요. 당장은 창피할지 몰라도 그래야 영어가 늘거든요. 이때 주로 사용하는 표현이 Beg your pardon?이에요. 줄여서 간단하게 Pardon?이라고도 합니다.

뭐라고요?

Excuse me?

익스큐즈 미

뭐라고?

What?

왓

다시 말씀해 주시겠어요?

Beg your pardon?

백 유얼 파든

다시 한 번 말씀해 주십시오.

Please say that again.

플리즈 쎄이 댓 어게인

방금 뭐라고 말씀하셨죠?

You said what?

유 쎄드 왓

방금 뭐라고 말씀하셨죠?

What did you say just now?

왓 디쥬 쎄이 저슷 나우

A: 다음 주에 뉴욕에 갈 거야.

B: 어디에 간다고?

☐ ☐ ☐

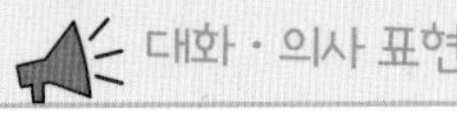

질문할 때

A: May I ask you a question?

메아이 애스큐 어 퀘스천

질문 하나 해도 될까요?

B: Sure.

슈얼

물론이죠.

친구 사이에서는 다짜고짜 질문을 던져도 상관없겠지만 일반적인 상황에서는 질문해도 되는지 먼저 물어봐야 해요. 교실에서 질문할 때 손을 드는 것처럼요. I have a question (for you.)(물어볼 게 있어요) / May I ask a question?(질문해도 될까요?)라고 먼저 묻고 나서 상대방이 그러라고 하면 그때 본격적으로 질문하는 것이 질문할 때의 예절입니다.

질문 있습니다.

I have a question.

아이 해버 퀘스쳔

질문 하나 해도 될까요?

May I ask you a question?

메아이 애스큐 어 퀘스쳔

누구한테 물어봐야 되죠?

Who should I ask?

후 슈다이 애슥

질문 있습니까?

Do you have any question?

두 유 햅 애니 퀘스쳔

다른 질문 있으세요?

Are there any other questions?

알 데얼 애니 아덜 퀘스쳔즈

이것을 영어로 뭐라고 하죠?

What's this called in English?

왓츠 디스 콜드 인 잉글리쉬

□ □ □

A: 질문 하나 해도 될까요?

B: 물론이죠.

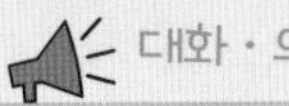

부탁할 때

A: May I ask you a favor?

메아이 애스큐 어 페이버

부탁 하나 해도 될까요?

B: Sure. What is it?

슈얼, 와리즈 잇

물론이죠. 뭔데요?

뭔가를 부탁하거나 도움을 요청할 때 'Please + 명령문' 패턴을 사용하면 간단하고 무난한 부탁의 표현이 됩니다. 특별히 공손하고 정중하게 부탁해야 할 상황이라면 우리말의 존댓말과 같은 효과를 갖는 Could you ~? / Would you ~? (~해주시겠어요?) 패턴을 사용하세요. 친구 사이에서는 가볍게 Will you ~?(~해줄래?)라고 하면 됩니다.

부탁 하나 해도 될까요?

May I ask you a favor?

메아이 애스큐 어 페이버

제 부탁 좀 들어주시겠어요?

Would you do me a favor?

우쥬 두 미 어 페이버

부탁이 있어요.

I need a favor.

아이 닛 어 페이버

조용히 좀 해주시겠어요?

Would you please be quiet?

우쥬 플리즈 비 콰이엇

당신과 얘기 좀 해도 될까요?

May I have a word with you?

메아이 해버 워드 위듀

문 좀 열어주시겠어요?

Would you please open the door?

우쥬 플리즈 오픈 더 도어

A: 부탁 하나 해도 될까요?

B: 물론이죠. 뭔데요?

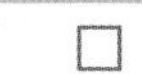

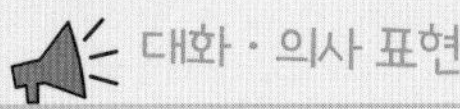

제안하거나 권유할 때

Mini Talk

A: **Let's eat out tonight, shall we?**

렛츠 잇 아웃 투나잇, 쉘 위

오늘밤 외식하러 갈까요?

B: **Oh, I'd love to.**

오, 아이드 럽 투

아, 좋지요.

Check Point!

상대방에게 뭔가를 제안하거나 권유하는 표현은 아주 다양해요. Let's + 동사원형~. 패턴은 '~합시다'라고 적극적인 동참을 권할 때 쓰고, Why don't you ~?나 How about ~? 패턴은 '~하는 게 어때요?'라고 상대방의 의향을 물어볼 때 씁니다. 권유를 받았을 때는 Thank you for asking me.(권해줘서 고마워요)라고 받아들이거나, I'm sorry.(안 되겠어요)라고 거절합니다.

Basic Expression

커피 한 잔 드시겠어요?

Would you like a cup of coffee?

우쥬 라익 어 커펍 커피

걸어갑시다.

Let's walk.

렛츠 월ㅋ

우리 그 문제는 곰곰이 생각해 보기로 해요.

I suggest we sleep on it.

아이 서제스트 위 슬립 온 잇

산책하러 가는 게 어때요?

How about going for a walk?

하우 어바웃 고잉 풔러 월ㅋ

저희와 합석하시겠어요?

Would you join us?

우쥬 조인 어스

그에게 얘기하지 그래요?

Why don't you tell him?

와이 돈츄 텔 힘

A: 오늘밤 외식하러 갈까요?

B: 아, 좋지요.

☐ ☐ ☐

학습일 / ☐

도움을 청하거나 양해를 구할 때

A: **Can you help me move the desk?**

캔 유 핼프 미 무브 더 데스크

책상 옮기는 것 좀 도와줄래?

B: **Yes, of course.**

예스, 옵 코스

물론이지.

상대방의 호의나 도움이 필요할 때 가장 많이 쓰는 표현은 Do me a favour.(나 좀 도와줘요)와 Can you do me a favour?(부탁 하나 들어주실래요?)입니다. 간단하면서도 부탁의 정도나 상대를 가리지 않고 사용할 수 있는 표현이라 도움이 필요할 땐 딱이죠. 동의를 구하거나 양해를 구할 때는 May I ~?(~해도 될까요?) / Can I ~?(~할 수 있을까요?) 패턴을 많이 씁니다.

좀 도와주실래요?

Can you help me?

캔 유 헬프 미

좀 도와주시겠어요?

Could you give me a hand?

쿠쥬 깁 미 어 핸드

좀 지나가도 될까요?

May I get through?

메아이 겟 쓰루

휴대폰 좀 써도 될까요?

Could I use the cellphone?

쿠다이 유즈 더 셀포운

여기 앉아도 되겠습니까?

Do you mind if I sit here?

두 유 마인드 이파이 씻 히얼

물 좀 갖다 주시겠어요?

Could you bring me some water?

쿠쥬 브링 미 썸 워러

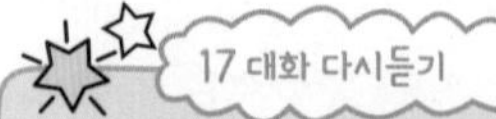

A: 책상 옮기는 것 좀 도와줄래?

B: 물론이지.

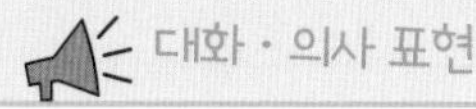

의견을 묻고 답할 때

Mini Talk

A: **Don't you think the coffee here is good?**

돈츄 씽 더 커피 히얼 이즈 굿

여기 커피 맛있는 것 같지 않니?

B: **Yeah, here is gonna be my favorite place.**

예-, 히얼 이즈 가너 비 마이 페이버릿 플레이스

응, 이제 여기 자주 와야겠어.

Check Point!

'~에 대해서 어떻게 생각하세요?'라고 상대방의 의견을 물어볼 때 가장 많이 쓰는 패턴은 두 가지예요. What do you think~?는 '~에 대해서 이성적으로 어떻게 판단하느냐'는 뉘앙스를 가지고 있고, How do you feel ~?은 '~에 대해서 감정적으로 어떻게 느끼느냐'는 뉘앙스를 가지고 있어요. 절대로 How do you think about ~라고 말하지 않도록 주의하세요.

다른 의견은 없습니까?

Have you any idea?

해뷰 애니 아이디어

그녀에 대해 어떻게 생각하세요?

How do you think about her?

하우 두 유 씽 어바웃 헐

내 프로젝트에 대해 어떻게 생각하세요?

What do you think of my project?

왓 두 유 씽 옵 마이 프러젝

바로 그겁니다.

That`s it!

댓츠 잇

당신 말에도 일리가 있어요.

You may have a point.

유 메이 해버 포인트

정말 좋은 생각이군요.

What a good idea!

와러 굿 아이디어

A: 여기 커피 맛있는 것 같지 않니?

B: 응, 이제 여기 자주 와야겠어.

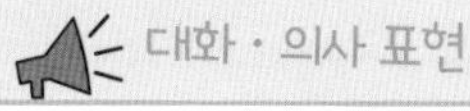

허락을 요청할 때

A: **May I take this?**
메아이 테익 디스
이걸 가져가도 될까요?

B: **Yes, of course.**
예스, 옵 코스
예, 물론이죠.

상대방에게 뭔가에 대해서 허락해 달라고 요청할 때 기본적으로 쓰이는 패턴은 Can I ~?와 May I ~?(~해도 될까요?)입니다. 더 정중하게 요청하고 싶다면 Would[Do] you mind ~?(~해도 되겠습니까?) 구문을 쓰면 되죠. 이때 주의할 것은 대답할 때 부정의문문처럼 해야 한다는 거예요. 왜냐하면 mind에 '꺼리다, 싫어하다'라는 부정적인 의미가 들어 있기 때문이에요.

Basic Expression

여기 앉아도 될까요?

May I sit here?

메아이 씻 히얼

이거 가져도 돼요?

May I take this?

메아이 테익 디스

들어가도 될까요?

May I come in?

메아이 컴 인

먼저 일어나도 될까요?

May I be excused?

메아이 비 익스큐즈드

(괜찮다면) 당신 컴퓨터를 사용해도 될까요?

May I use your computer?

메아이 유즈 유얼 컴퓨터

얘기를 계속해도 될까요?

May I go on?

메아이 고 온

A: 이걸 가져가도 될까요?

B: 예, 물론이죠.

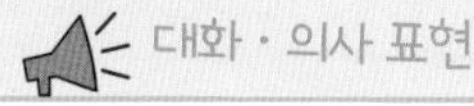

희망이나 소망을 나타낼 때

A: Where would you like to go?

웨얼 우쥬 라익 투 고

어디에 가고 싶으세요?

B: I'd like to go to London or Paris.

아이드 라익 투 고 투 런던 오어 파리스

런던이나 파리에 가고 싶습니다.

뭔가를 바란다고 말할 때 사용할 수 있는 가장 간단한 표현은 I hope (that)~. 과 I hope to ~.(~하면 좋겠어)입니다. I hope it rains.(비 오면 좋겠어) / I hope to see you again.(다시 보게 되길 바라). 직접적으로 상대방이 무언가를 해줬으면 좋겠다고 말할 때는 I hope you ~.(네가 ~ 라면 좋겠어)를 사용해요. I hope you will like it.(그거 마음에 들면 좋겠어)

Basic Expression

장래 희망이 뭐예요?

What do you hope for?

왓 두 유 홉 풔

꿈이 뭐예요?

What's your dream?

왓츠 유얼 드림

나는 가수가 되고 싶어요.

I want to be a singer.

아이 원투 비 어 싱어

다시 만나기 바랍니다.

I hope to see you again.

아이 홉 투 씨 유 어게인

즐거운 크리스마스 되세요.

I wish you a Merry Christmas.

아이 위시 유 어 메리 크리스마스

영어를 잘하고 싶어요.

I want to be good in English.

아이 원투 비 굿 인 잉글리쉬

A: 어디에 가고 싶으세요?

B: 런던이나 파리에 가고 싶습니다.

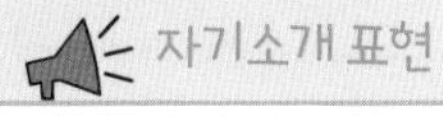

개인 신상에 대해 말할 때

A: **Where are you from?**

웨어라 유 프럼

어디서 오셨어요?

B: **I'm from Seoul.**

아임 프럼 서울

서울에서요.

처음 만난 사람과 이야기를 하다 보면 자연스럽게 고향, 국적, 나이, 생일, 종교 등 개인 신상에 관한 질문을 많이 하게 되죠. 하지만 상대방의 개인 신상에 관해서 너무 집요하게 묻다가는 Don't ask personal questions.(신상에 관한 질문은 그만하세요)라는 말을 듣게 될 수도 있어요. 우리와는 문화가 다르다는 것을 이해할 필요가 있답니다.

Basic Expression

국적이 어디세요?

What's your nationality?

왓츠 유얼 내셔낼러티

어디서 오셨어요?

Where did you come from?

웨얼 디쥬 컴 프럼

어디서 자라셨어요?

Where did you grow up?

웨얼 디쥬 그로우 업

서울 토박입니다.

I was born and bred in Seoul.

아이 워즈 본 앤 브레드 인 서울

나이가 어떻게 되세요?

How old are you?

하우 올드 알 유

지금 어디 사세요?

Where do you live now?

웨얼 두 유 립 나우

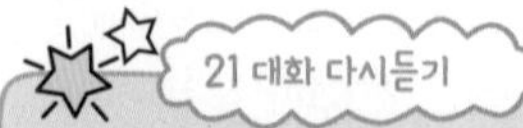

A: 어디서 오셨어요?

B: 서울에서요.

☐ ☐ ☐

학습일 /

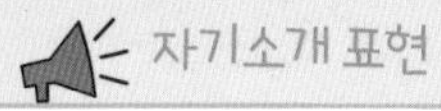

가족에 대해 말할 때

A: **Are you the eldest child in your family?**

알 유 더 엘디스트 촤일드 인 유얼 패멀리

장남이세요?

B: **No, I'm not. I'm the only child.**

노, 아임 낫. 아임 더 온리 촤일드

아니에요. 저는 외아들이에요.

가족 관계에 대한 기본적인 질문 몇 가지는 거의 정해져 있죠. How many people are there in your family?(가족이 몇이에요?) / Do you have any brothers and sisters?(형제자매가 있어요?) / How many children do you have?(아이들은 몇이에요?) / Does your wife work?(부인은 일하세요?) 참고로 법적으로 맺어진 관계에는 –in -law를 사용해요.

Basic Expression

우리는 대가족입니다.

We have a large family.

위 해버 라쥐 패멀리

부모님과 함께 사세요?

Do you live with your parents?

두 유 립 위드 유얼 패어런츠

아이들은 몇 명이나 됩니까?

How many children do you have?

하우 메니 췰드런 두 유 햅

3살짜리 아들이 하나 있어요.

I have a 3-year-old boy.

아이 해버 쓰리 이어 올드 보이

가족이 몇 분이세요?

How many people are there in your family?

하우 메니 피플 알 데얼 인 유얼 패멀리

우린 네 식구예요.

There are four in my family.

데어라 풔 인 마이 패멀리

☐ ☐ ☐

A: 장남이세요?

B: 아니에요. 저는 외아들이에요.

학교에 대해 말할 때

A: Where do you go to school?

웨얼 두 유 고 투 스쿨

어느 학교에 다니세요?

B: I go to NS University.

아이 고 투 엔에스 유니버시티

NS 대학에 다닙니다.

개인 신상과 가족관계에 대해 묻고 나면 자연스럽게 학교 이야기로 이어지게 됩니다. 지금 어느 학교에 다니는지(Where do you go to school?) 또는 전에 어느 학교를 다녔는지(Where did you go to school?), 현재 몇 학년인지(What year are you in?), 전공이 무엇인지(What was your major at college?) 등의 기본적인 질문을 익혀두면 아주 유용할 거예요.

학교는 어디서 다니셨어요?

Where did you go to school?

웨얼 디쥬 고 투 스쿨

어느 학교에 다니세요?

Where do you go to school?

웨얼 두 유 고 투 스쿨

몇 학년이세요?

What year are you in?

왓 이어 알 유 인

우리는 같은 학교 나온 동문입니다.

We went to the same school.

위 웬투 더 쎄임 스쿨

대학교 때 전공이 무엇이었어요?

What was your major at college?

왓 워즈 유얼 메이저 앳 칼리쥐

어떤 학위를 가지고 계십니까?

What degree do you have?

왓 디그리 두 유 햅

□ □ □

A: 어느 학교에 다니세요?

B: NS 대학에 다닙니다.

학습일 / ☐

Unit 24

자기소개 표현

학교생활에 대해 말할 때

A: **Why weren't you in class?**

와이 원ㅌ 유 인 클래스

왜 수업에 오지 않았니?

B: **Because I had a stomachache.**

비커즈 아이 해더 스텀에익

배탈이 나서요.

학교생활에 대한 화제는 정말 무궁무진하죠. 그럴수록 가장 흔히 쓰는 기본 표현부터 차근차근 하나씩 배워야 해요. 툭하면 지각하는 사람들은 I'm late for class again.(또 지각이야), 수업이 취소되었을 땐 The class is canceled.(그 수업 취소됐어), 시험 끝나고 나면 꼭 이렇게 말하는 친구가 있죠. I messed up on my test.(시험 망쳤어)

Basic Expression

학교생활은 재미있나요?

Do you have fun in school?

두 유 햅 펀 인 스쿨

나 또 지각이야.

I'm late for class again.

아임 레잇 풔 클래스 어겐

시험을 망쳤어요.

I messed up on my test.

아이 메스트 어폰 마이 테슷

오늘은 수업이 없어요.

There is no class today.

데어리즈 노 클래스 투데이

아르바이트 자리가 있나요?

Do you have a part time job?

두 유 해버 팟 타임 잡

게시판에 뭐라고 쓰여 있는 거예요?

What does the board say?

왓 더즈 더 보드 쎄이

A: 왜 수업에 오지 않았니?

B: 배탈이 나서요.

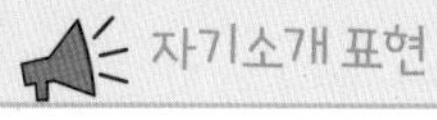

직장에 대해 말할 때

A: **What kind of company are you with?**

왓 카인드 옵 컴퍼니 알 유 위드

어떤 회사에서 일하세요?

B: **A trading company.**

어 트레이딩 컴퍼니

무역회사요.

대부분의 사람들은 인생의 절반을 직장에서 생활한다고 해도 지나친 말이 아니죠. 당연히 사람들은 직장과 직업에 대한 관심이 많을 수밖에 없고, 직장에 대한 얘기가 화제에 오를 때가 많습니다. 직업이 뭐냐고 묻는 가장 간단한 표현은 What do you do?(무슨 일 하세요?) / What's your job?(직업이 뭐예요?)이고, I work in a bank.(은행에서 일해요)로 대답해요.

어느 회사에 근무하세요?

What company are you with?

왓 컴퍼니 알 유 윗

어느 부서에서 근무하세요?

Which department do you work in?

위치 디파트먼트 두 유 월크 인

직책이 무엇입니까?

What's your job title?

왓츠 유얼 잡 타이틀

어떤 일을 맡고 계세요?

What are you in charge of?

워라유 인 차지 옵

여기에서 얼마나 근무하셨어요?

How long have you worked here?

하우 롱 해뷰 웍트 히얼

직장까지 얼마나 걸리죠?

How long does it take you to get to work?

하우 롱 더즈 잇 테익 유 투 겟 투 웍

A: 어떤 회사에서 일하세요?

B: 무역회사요.

직장생활에 대해 말할 때

A: Are you happy with your present job?

알 유 해피 윗 유얼 프레젠트 잡

지금 직장에 만족하세요?

B: Yes, but I'm not always happy.

예스, 벗 아임 낫 올웨이즈 해피

네, 하지만 늘 그런 건 아니에요.

How has work been?(회사 어때?)라고 물어보면 대개는 I do the daily grind.(단조로운 직장생활이야)라고 대답하죠. 직장생활처럼 단조로운 일과를 daily grind라고 하거든요. 회사 친구는 work friends, 일 때문에 받는 스트레스는 work stress예요. What time do you start work?(언제 출근해?) / What time do you get off work?(언제 퇴근해?)도 필수표현이에요.

Basic Expression

언제 입사하셨어요?

When did you join the company?

웬 디쥬 조인 더 컴퍼니

근무 시간이 어떻게 됩니까?

What are your office hours?

워라 유얼 오피스 아워즈

몇 시에 퇴근하세요?

When do you get off?

웬 두 유 게럽

내일은 쉬어요.

I'll be off tomorrow.

아일 비 업 터머러우

당신 회사에서는 점심시간이 몇 시죠?

What time is lunch at your company?

왓 타임 이즈 런치 앳 유얼 컴퍼니

저는 오늘밤 야근이에요.

I'm on duty tonight.

아임 온 듀티 투나잇

□ □ □

A: 지금 직장에 만족하세요?

B: 네, 하지만 늘 그런 건 아니에요.

거주지에 대해 말할 때

A: **Where do you live?**

웨얼 두 유 립

어디 사세요?

B: **I live in the suburbs of Seoul.**

아이 립 인 더 서법스 옵 서울

서울 근교에서 살아요.

어디 사는지, 주변에 뭐가 있는지 묻는 가장 기본적인 표현은 Where do you live?(어디에 사세요?)예요. Are you on your own?(혼자 사세요?) / Do you live in a house or an apartment?(단독 주택에서 사세요, 아파트에서 사세요?) 등으로 묻고 I live in Mapo.(마포에 살아요) / I live under my parent's roof.(부모님 집에서 살아요) 등으로 대답해요.

Basic Expression

어디 사세요?

Where do you live?

웨얼 두 유 립

그곳에서 얼마나 사셨어요?

How long have you lived there?

하우 롱 해뷰 립드 데얼

주소가 어떻게 됩니까?

What's your address?

왓츠 유얼 어드레스

직장까지 시간이 얼마나 걸려요?

How long does it take you to get to work?

하우 롱 더즈 잇 테익 유 투 겟 투 웍

전 아주 작은 도시에 살아요.

I live in a very small town.

아이 립 인 어 베리 스몰 타운

저는 고층 아파트에서 살아요.

I live in a high-rise apartment house.

아이 립 인 어 하이-라이즈 어파트먼ㅌ 하우스

27 대화 다시듣기

□ □ □

A: 어디 사세요?

B: 서울 근교에서 살아요.

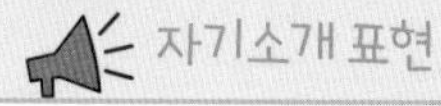

연애에 대해 말할 때

A: Are you seeing anyone?

알 유 씽 애니원

사귀는 사람 있어요?

B: Not at the moment, unfortunately.

낫 앳 더 모먼, 언풔처너틀리

불행히도 지금은 없어요.

관심이 가는 상대에게 애인이 있는지 궁금할 때는 Do you have a girl[boy] friend?(여자[남자] 친구 있으세요?) / Are you seeing somebody?(사귀는 사람이 있으세요?)라고 물어보세요. 없다고 하면 What type of girl do you like?(어떤 타입 좋아해요?) / Would you introduce me to somebody?(누구 좀 소개시켜 줄래요?)라고 슬쩍 들이대보는 센스!

사귀는 사람 있니?

Are you seeing anyone?

알 유 씨잉 애니원

우린 좋은 친구 사이야.

We're good friends.

위아 굿 프랜즈

그녀는 그냥 친구야.

She's just a friend.

쉬즈 저슷 어 프랜드

어떤 사람이 이상형이에요?

What's your type?

왓츠 유얼 타입

나랑 데이트할래?

Would you like to go out with me?

우쥬 라잌 투 고 아웃 윗 미

그들은 연애 중이죠?

Are they an item?

알 데이 언 아이템

□ □ □

A: 사귀는 사람 있어요?

B: 불행히도 지금은 없어요.

결혼에 대해 말할 때

A: Are you married?

알 유 메리드

결혼하셨어요?

B: No, I'm not.

노, 아임 낫

안 했습니다.

'결혼'하면 떠오르는 말은 단연 Will you marry me?(나랑 결혼해 줄래요?)! marry는 단어 자체가 '~와 결혼하다'라는 뜻이기 때문에 to를 붙일 필요가 없어요. 하지만 be[get] married to(~와 결혼하다)처럼 married라는 형태로 쓸 때는 to를 붙여주세요. be married는 결혼해 있는 상태를 말하고, get married는 결혼식, 결혼하는 동작 자체를 말한다는 것도 알아두세요.

Basic Expression

나랑 결혼해 줄래?

Will you marry me?

윌 유 메리 미

난 연애결혼하고 싶어요.

I'd like to marry for love.

아이드 라익 투 메리 풔 럽

그는 중매 결혼했어요.

He got married by arrangement.

히 갓 메리드 바이 어랜지먼ㅌ

기혼이세요, 미혼이세요?

Are you married or single?

알 유 메리드 오어 싱글

언제 결혼하셨어요?

When did you get married?

웬 디쥬 겟 메리드

난 이혼했어요.

I'm divorced.

아임 디보스트

29 대화 다시듣기

A: 결혼하셨어요?

B: 안 했습니다.

□ □ □

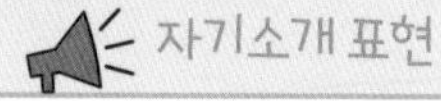

결혼생활에 대해 말할 때

A: **My wife is expecting.**

마이 와입 이즈 익스펙팅

아내가 임신했어요.

B: **Oh, is she? Congratulations!**

오, 이즈 쉬? 컹그레츄에이션스

그래요? 축하합니다!

결혼한 부부(married couple)에게 흔히 하는 질문은 How did you two meet?(두 분은 어떻게 만났어요?)예요. 동서고금을 막론하고 연애스토리는 항상 흥미진진하니까요. 결혼생활에 대한 표현은 I'm happily married.(행복하게 잘 살고 있어요) / We give each other space.(우리는 각자의 공간을 인정해요) / I'm divorced.(이혼했어요) 등 아주 다양해요.

결혼생활은 어때요?

How's the married life?

하우즈 더 메리드 라입

우린 곧잘 싸워요.

We fight a lot.

위 파잇 어 랏

우리는 금실이 좋아요.

We are happily married.

위 알 해필리 메리드

아내는 임신 중이에요.

My wife is expecting.

마이 와입 이즈 익스펙팅

아이가 둘 있어요.

I have two children.

아이 햅 투 췰드런

집안일은 반반씩 분담하기로 했어요.

We agreed we'd share the housework fifty-fifty.

위 어그리드 위드 쉐어 더 하우스웍 핍티-핍티

A: 아내가 임신했어요.

B: 그래요? 축하합니다!

행운을 빌 때

Mini Talk

A: Good-bye, Jane. Good luck!

굿-바이, 제인. 굿 럭

잘 가요, 제인. 행운을 빌어요.

B: Thanks. You, too!

땡스. 유, 투

고마워요. 당신도요!

Check Point!

행운을 비는 대표적인 표현은 Good luck!(행운을 빌어!)이죠. wish를 써서 I wish you good luck.(행운을 빌어요!)라고 쓰기도 해요. 미국사람들은 둘째손가락과 셋째손가락을 힘껏 꼬아서 십자가 모양을 만들며 이렇게 말해요. I'll keep my fingers crossed.(행운이 있기를 빌게요) 우리가 엄지와 검지로 하트 모양을 만들어서 사랑한다고 말하는 것처럼요.

행운을 빌게요.

Good luck to you.

굿 럭 투 유

신의 축복이 있기를!

God bless you!

갓 블레스 유

성공을 빕니다.

May you succeed!

메이 유 썩시드

행복하길 빌겠습니다.

I hope you'll be happy.

아이 홉 유일 비 해피

새해 복 많이 받으세요.

Happy new year!

해피 뉴 이얼

즐거운 크리스마스 보내세요.

Merry Christmas!

메리 크리스마스

A: 잘 가요, 제인. 행운을 빌어요.

B: 고마워요. 당신도요!

학습일 / ☐

Unit 32

기쁘거나 즐거울 때

A: Tom, I'm walking on air now.

탐, 아임 워킹 온 에어 나우

톰, 전 지금 정말 기분이 좋아요.

B: What makes you so happy, Jane?

왓 메익스 유 쏘 해피, 제인

뭐가 그렇게 좋아요, 제인?

서구인들은 대개 동양인에 비해 감정표현이 풍부한 편이라 언제 어디서나 자신의 감정을 솔직하고 대담하게 표현합니다. 기쁨이나 즐거움을 나타내는 표현도 아주 많아요. I'm so pleased.(정말 기뻐) / I' m so happy.(무척 기뻐) / I' m flying(날아갈 것 같아) / I' m delighted.(정말 행복해) / I' m bursting.(터질 것 같아) 등 간단한 표현부터 시작해 봅시다.

기뻐요!

I'm happy!

아임 해피

정말 기분 좋아요.

It really feels great.

잇 리얼리 필스 그레잇

당신 때문에 행복해요.

I'm happy for you.

아임 해피 풔 유

오늘 기분이 완전 최고예요.

I'm so happy today.

아임 쏘 해피 투데이

당신과 함께 있으면 즐겁습니다.

You're fun to be around.

유아 펀 투 비 어롸운

멋질 것 같아요!

That would be nice!

댓 우드 비 나이스

A: 톰, 전 지금 정말 기분이 좋아요.

B: 뭐가 그렇게 좋아요, 제인?

감탄하거나 칭찬할 때

A: It looks very good on you.

잇 룩스 베리 굿 온 유

참 잘 어울리는군요.

B: Thanks for your compliment.

땡스 풔 유얼 컴플리먼트

칭찬해 주시니 감사합니다.

칭찬을 싫어하는 사람은 아무도 없죠. 상대방의 좋은 점을 찾아내서 칭찬하는 습관을 들이면 모든 사람에게 환영받는 사람이 될 수 있어요. 다만 칭찬이 지나쳐서 아부가 되지는 않도록 조심해야겠죠? 칭찬할 때는 구체적으로 풍부하게 하는 것이 좋아요. 건성으로 하는 칭찬은 하나마나니까요. 혹시 칭찬을 받았다면 You flatter me.(과찬이세요)라고 대답해요.

대단하군요!

Great!

그레잇

잘 하시는군요.

You're doing well!

유아 두잉 웰

정말 훌륭하군요!

How marvelous!

하우 말버러스

패션 감각이 뛰어나시군요.

You have an eye for fashion.

유 해번 아이 풔 패션

시험을 참 잘 봤네.

You did a good job on your exams.

유 디더 굿 잡 온 유얼 이그잼스

과찬의 말씀입니다.

I'm so flattered.

아임 쏘 플래터드

A: 참 잘 어울리는군요.

B: 칭찬해 주시니 감사합니다.

□ □ □

싫거나 귀찮을 때

Mini Talk

A: I'm tired of this job.

아임 타이어드 옵 디스 잡

이 일에 질렸어.

B: There you go again.

데얼 유 고 어게인

또 시작이야.

Check Point!

무언가를 싫다고 말할 때는 싫어하는 정도에 따라 don't like(~를 좋아하지 않아), hate(~가 너무 싫어), can't stand(~를 참을 수가 없어) 등을 쓸 수 있어요. I hate working late.(야근하는 게 정말 싫어). 싫다기보다 귀찮다고 말할 때는 I'm too lazy.(너무 귀찮아)라고 표현합니다. 뭐가 귀찮은지는 뒤에 붙여 주면 되죠. I'm too lazy to go out.(나가기 너무 귀찮아)

싫어요!

No deal!

노 딜

듣고 싶지 않아요.

I don't want to hear it.

아이 돈ㅌ 원투 히얼 잇

그럴 기분이 아니에요.

I don't feel like it.

아이 돈ㅌ 필 라이킷

질렸어.

I'm sick of it.

아임 씩 오핏

귀찮게 좀 굴지 말아요.

Stop bothering me.

스탑 보더링 미

그만 좀 해!

Give me a break!

깁 미 어 브레익

□ □ □

A: 이 일에 질렸어.

B: 또 시작이야.

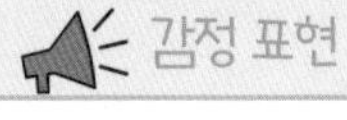

실망하거나 후회할 때

A: Did you enjoy the boxing match?
디쥬 인조이 더 박싱 매치
권투시합 재미있었니?

B: Not particularly. It disappointed me.
낫 퍼티컬러리. 잇 디스어포인팃 미
별로야, 실망했어.

'실망시키다'라고 할 때 가장 많이 쓰는 표현은 disappoint와 let down이에요. I won't disappoint you.(실망시키지 않을게) / You really let me down.(너 정말 실망이야). 후회할 때 쓰는 표현은 I don't know why I said that.(왜 그 말을 했나 몰라) / I didn't mean it at all.(전혀 그럴 뜻이 아니었어) / I regret being lazy.(게으르게 산 게 후회돼) 등이 있어요.

Basic Expression

이건 아니죠!

This is all wrong!

디시즈 올 렁

당신한테 실망했어요.

I am disappointed in you.

아이 엠 디스어포인티드 인 유

영어 공부를 했어야 했는데.

I should have studied English.

아이 슈드 햅 스터디드 잉글리쉬

그 말은 하지 말았어야 했는데.

I shouldn't have said that.

아이 슈든ㅌ 햅 샛 댓

이미 엎질러진 물이에요.

It's no use crying over spilt milk.

잇츠 노 유즈 크라잉 오우버 스필트 밀크

놓치면 후회할 거예요.

If you miss it, you'll regret it.

이퓨 미쓰 잇, 유일 리그레팃

35 대화 다시듣기

□ □ □

A: 권투시합 재미있었니?

B: 별로야, 실망했어.

화날 때

A: **Are you still mad at me?**

알 유 스틸 메드 앳 미

아직도 나한테 화났어요?

B: **It's okay now, I understand.**

잇츠 오케이 나우, 아이 언더스탠드

이제 괜찮아요. 이해합니다.

배신감이나 분노를 느낄 땐 How could you ~? 패턴이 따지기 딱 좋아요. How could you be so stupid?(어떻게 그렇게 멍청할 수가 있니?) What 뒤에 the hell, on earth 등을 붙여서 '도대체' 라는 짜증스러운 뉘앙스를 더할 수 있고, Don't even think about ~ 패턴으로 생각도 하지 말라고 경고할 수 있어요. Don't even think about it.(그건 생각도 하지 마)

Basic Expression

미치겠네!

Drive me nuts!

드라입 미 넛츠

말도 안돼(끔찍해).

That's awful!

댓츠 오우플

충격이다!

I'm so mad!

아임 쏘 맷

더 이상은 못 참아.

I can't stand any more.

아이 캔ㅌ 스탠 애니 모어

그만 좀 해.

That is enough.

댓 이즈 이넙

열 받게 하네!

That burns me up!

댓 번즈 미 업

□ □ □

A: 아직도 나한테 화났어요?

B: 이제 괜찮아요. 이해합니다.

슬프거나 외로울 때

A: **I hate the sad ending.**

아이 헤잇 더 새드 앤딩

난 새드 앤딩은 싫어요.

B: **So do I.**

쏘 두 아이

나도 그래요.

사람의 감정은 외국인이라고 해서 특별히 다르지 않아요. 슬플 때는 I'm sad.(슬퍼요)라고 말하고, 슬픈 나머지 울고 싶은 심정일 때는 I feel like crying.(울고 싶어요)라고 표현할 수 있습니다. 기분이 우울할 때는 I'm depressed.(우울해요)라고 하며, 상대가 슬퍼하거나 우울해 할 때는 Forget it!(잊어버려요!) / Cheer up.(기운 내세요!) 등으로 위로합니다.

Basic Expression

우울해요.

I'm depressed.

아임 디프레스트

외로워요.

I'm lonely.

아임 로운리

비참해요.

I feel miserable.

아이 필 미저러블

기분이 별로예요(좋지 않아요).

I feel bad.

아이 필 뱃

울고 싶은 심정이에요.

I feel like crying.

아이 필 라익 크라잉

앞날이 캄캄해요.

I have no hope for my future.

아이 햅 노 홉 풔 마이 퓨춰

□ □ □

A: 난 새드 앤딩은 싫어요.

B: 나도 그래요.

놀랍거나 무서울 때

A: Let's go into the water.

렛츠 고 인투 더 워러

물속으로 들어가자.

B: I can't. I'm afraid of water.

아이 캔ㅌ. 아임 어프레이드 옵 워러

난 못해. 난 물이 무서워.

무서울 때는 be afraid of ~ 패턴을 주로 사용해요. I'm afraid of heights.(난 높은 곳이 무서워) I'm afraid 뒤에 to 부정사를 붙여서 구체적으로 뭐가 무서운지 설명해요. I'm afraid to jog alone in the evening.(저녁에 혼자 조깅하는 게 두려워) 놀랐을 때는 be shocked를 써서 I was shocked when I got your call.(네 전화 받고 정말 놀랐어) 등으로 표현해요.

정말 놀랍군요!

How surprising!

하우 써프라이징

훌륭하네요!

That's great!

댓츠 그레잇

정말이야(진심이야)?

Are you serious?

알 유 시리어스

믿을 수 없어!

That's incredible!

댓츠 인크레더블

정말 놀랍지 않아요?

That's amazing, isn't it?

댓츠 어메이징, 이즌팃

난 새로운 변화가 두려워요.

I'm afraid of new changes.

아임 어프레이드 옵 뉴 체인지즈

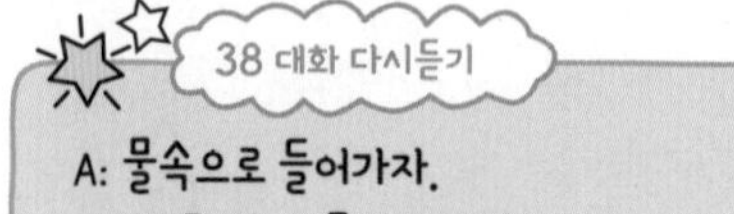

☐ ☐ ☐

A: 물속으로 들어가자.

B: 난 못해. 난 물이 무서워.

걱정하거나 위로할 때

A: What's wrong with you? You look so down today.

왓츠 렁 위듀? 유 룩 쏘 다운 투데이

왜 그래? 오늘 너무 우울해 보이네.

B: I failed the English exam again.

아이 패일드 디 잉글리쉬 이그젬 어게인

영어시험을 또 낙제했거든요.

Check Point!

위로하는 방법에는 여러 가지가 있어요. 상대방이 I'm so sad.(슬퍼요)라고 말하면 I know things will work out.(반드시 잘 될 거예요)이라고 격려하고, 친한 사이라면 I want to be of help.(너에게 도움이 되고 싶어)라고 말할 수 있죠. That's too much.(큰일이군요) / That's terrible.(심하네요) / What a pity!(유감이군요) 등의 공감 표현도 다양하게 알아두세요.

우울해 보이네요.

You look down.

유 룩 다운

무슨 일이세요?

What's wrong?

왓츠 렁

뭐가 잘못됐나요?

Is anything wrong?

이즈 애니씽 렁

걱정하지 마세요.

Don't worry.

돈ㅌ 워리

걱정할 것 없어요.

You have nothing to worry about.

유 햅 낫씽 투 워리 어바웃

너무 심각하게 받아들이지 마세요.

Don't take it seriously.

돈ㅌ 테잇킷 시어리어슬리

☐ ☐ ☐

A: 왜 그래? 오늘 너무 우울해 보이네.

B: 영어시험을 또 낙제했거든요.

감정 표현

불안하거나 긴장될 때

A: **Are you nervous?**

알 유 너버스

긴장되니?

B: **Yes, I have butterflies in my stomach.**

예스, 아이 햅 버터플라이즈 인 마이 스터먹

그래, 가슴이 막 두근거려.

사람을 사귈 때 가장 필요한 것은 아마 상대방에 대한 관심일 거예요. 특히 불안하거나 긴장되는 상황에 있는 사람에게는 관심과 위로가 더욱 절실하죠. 무언가를 앞두고 떨리거나 긴장될 때는 nervous를 써서 I'm nervous about my job interview tomorrow.(내일 면접 때문에 긴장 돼) 등으로 표현해요. 걱정하고 있다는 표현에는 주로 worry, concerned를 쓰죠.

Basic Expression

어떡해!

What should I do.

왓 슈다이 두

저 뭐 해야 돼요?

What am I supposed to do?

와램 아이 서포즈 투 두

초조해요.

I'm anxious.

아임 앵셔스

긴장돼요.

I'm nervous.

아임 너버스

불안해요.

I feel insecure.

아이 필 인시큐어

진정하세요.

Calm down.

캄 다운

□ □ □

A: 긴장되니?

B: 그래, 가슴이 막 두근거려.

학습일 /

건강에 대해 말할 때

A: How are you feeling today?

하우 알 유 필링 투데이

오늘은 기분이 어떠세요?

B: I'm not feeling well.

아임 낫 필링 웰

컨디션이 영 별로예요.

건강에 대한 관심이 높다 보니 사람들이 모인 자리에서는 건강에 대한 화제가 거의 빠지지 않습니다. 아플 때는 I'm not feeling well.(몸이 좋지 않아) / I feel sick.(몸이 아파) / I've got flu.(독감에 걸렸어) 등으로 표현하고, 아픈 사람에게는 How are you feeling?(기분이 어떠세요?)이라 묻고, I hope you feel better soon.(빨리 낫기를 바랄게)이라 격려해요.

Basic Expression

컨디션은 어때요?

How do you feel?

하우 두 유 필

건강은 어떠세요?

How is your health?

하우 이즈 유얼 핼스

컨디션이 안 좋아요.

I'm not feeling well.

아임 낫 필링 웰

난 건강해요.

I'm healthy.

아임 핼씨

건강해 보이시네요.

You look healthy.

유 룩 핼씨

건강 조심하세요.

Take care of your health.

테익 케어롭 유얼 핼스

A: 오늘은 기분이 어떠세요?

B: 컨디션이 영 별로예요.

□ □ □

성격에 대해 말할 때

A: Do you make friends easily?

두 유 메익 프렌즈 이절리

친구를 쉽게 사귀는 편이세요?

B: No, I don't. I'm shy.

노, 아이 돈ㅌ. 아임 샤이

아뇨, 내성적이라서요.

사람의 성격은 크게 내성적인 성격과 외향적인 성격으로 나뉘죠. 그래서 흔히 상대의 성격에 대해서 물을 때는 Are you extrovert or introvert?(성격이 외향적이에요, 내성적이에요?)라고 묻고, 스스로 내성적이라고 생각할 때는 I think I'm introvert.(내성적이에요)라고 하고, 외향적일 때는 I think I'm extrovert.(외향적이에요)라고 대답하면 됩니다.

Basic Expression

나는 낙천적이에요.

I'm optimistic.

아임 옵티미스틱

그는 명랑해요.

He's cheerful.

히즈 치어플

그녀는 정직해요.

She's honest.

쉬즈 어니스트

그는 내성적이에요.

He's introverted.

히즈 인트러버티드

난 당신이 매우 유쾌하다고 생각해요.

I think you are very funny.

아이 씽 유 알 베리 퍼니

난 현실주의자에 가까워요.

I'm more of a realist.

아임 모어 옵 어 리얼리슷

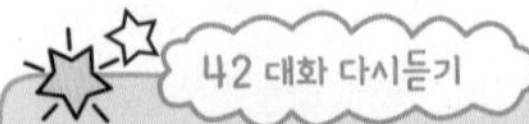

A: 친구를 쉽게 사귀는 편이세요?

B: 아뇨, 내성적이라서요.

☐ ☐ ☐

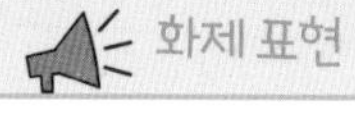

식성과 맛에 대해 말할 때

Mini Talk

A: How does it taste?

하우 더짓 테이슷

맛이 어때요?

B: It's really good.

잇츠 리얼리 굿

정말 맛있어요.

Check Point!

사람들과 빨리 친해지려면 밥을 같이 먹으라는 말이 있어요. 밥을 먹다 보면 음식 얘기를 하게 되고, 같이 먹고 있는 음식 맛에 대해서도 이러고저러고 말하게 되죠. I eat a balanced diet.(골고루 잘 먹어요) / I like lean foods.(담백한 음식을 좋아해요) / I like my coffee strong.(진한 커피를 좋아해요) 등 자신의 식성에 대해서 미리 표현을 준비해두는 게 좋아요.

Basic Expression

정말 맛있어요.

It's really good.

잇츠 리얼리 굿

그건 건강에도 좋고 맛도 좋아요.

It's healthy and delicious.

잇츠 핼시 앤 딜리셔스

이건 맛이 별로 없어요.

This is flavorless.

디시즈 플레이버리스

배불러요.

I'm stuffed.

아임 스텁트

그녀는 식성이 까다로워요.

She is a picky eater.

쉬 이즈 어 픽키 이터ㄹ

어떤 음식을 좋아하세요?

What kind of food do you like?

왓 카인드 옵 풋 두 유 라익

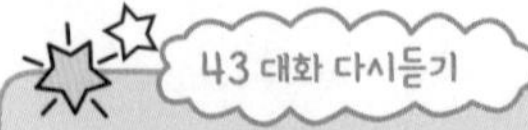

□ □ □

A: 맛이 어때요?

B: 정말 맛있어요.

외모에 대해 말할 때

A: **How do I look?**

하우 두 아이 룩

나 어때?

B: **You look beautiful in that dress.**

유 룩 뷰티플 인 댓 드레스

그 옷 입으니까 예뻐 보여.

외모를 화제로 삼을 때는 상대방의 기분을 상할 말은 절대로 하지 말아야 해요. 대신 말 한마디로 천냥 빚을 갚는다고 칭찬은 얼마든지 좋죠. 멋지고 아름다운 여성에게 You're very beautiful.(정말 아름다워요), 잘생긴 남성에게 You're very handsome.(정말 미남이세요), 옷 잘 입는 사람에게 I like your style.(옷 스타일이 마음에 들어요.)이라고 칭찬해주자고요.

그 사람은 어떻게 생겼어요?

What's he like?

왓츠 히 라익

키가 얼마나 돼요?

How tall are you?

하우 톨 알 유

몸무게가 얼마나 나가요?

How much do you weigh?

하우 머취 두 유 웨잇

그는 뚱뚱해요.

He is fat.

히 이즈 팻

그녀는 키가 작고 말랐어요.

She is petite and slim.

쉬 이즈 페팃 앤 슬림

오늘 피곤해 보이네요.

You look tired today.

유 룩 타이엇 투데이

☐ ☐ ☐

A: 나 어때?

B: 그 옷 입으니까 예뻐 보여.

학습일 / □

옷차림에 대해 말할 때

A: **How do I look in this suit?**

하우 두 아이 룩 인 디스 슛

이 양복 입으니 나 어때요?

B: **It looks good on you.**

잇 룩스 굿 온 유

잘 어울려요.

새 옷을 입으면 자랑하고 싶잖아요. 계절이 바뀌어서 옷차림이 확 달라지거나 면접 등의 이유로 안 입던 정장을 입었을 때도 내 모습이 어떻게 보이는지 물어보고 싶죠. 외모에 각별히 신경 쓰는 사람들을 특별히 그루밍족(grooming)이라고 하고, 옷 잘 입는 멋쟁이 남자에게는 dandy하다는 표현을, 옷 잘 입는 사람들에게는 fashion plate라는 표현을 써요.

당신 참 멋지네요.

You are in style.

유 아린 스타일

이건 너무 딱 맞아요.

This is too tight.

디시즈 투 타잇

당신에게 참 잘 어울려요.

It looks good on you.

잇 룩스 굿 온 유

패션 감각이 뛰어나시네요.

You have great taste in clothes.

유 햅 그레잇 테이스틴 클로우드즈

입고 있는 옷이 맘에 드네요.

I like the dress that you have on.

아이 라익 더 드레스 댓 유 햅 온

그녀는 옷을 크게 입는 편이에요.

She wears loose-fitting clothes.

쉬 웨어즈 루즈-피팅 클로우드즈

A: 이 양복 입으니 나 어때요?

B: 잘 어울려요.

학습일 / ☐

시간에 대해 말할 때

A: **What time is it?**

왓 타임 이짓

몇 시죠?

B: **It's ten twenty-three.**

잇츠 텐 트웬티-쓰리

10시 23분입니다.

시간, 요일, 연월일 등의 때에 관한 표현은 언제든 입에서 바로 나올 수 있도록 익혀두어야 해요. 시간을 물을 때는 What time is it now?(지금 몇 시죠?)이라고 합니다. 일상적인 회화에서는 대개 It's eight twenty-five.(8시 25분이야)라고 시간만 간단하게 말해요. 시간은 일반적으로 약식 표현을 많이 써요. 10:20 이런 식이죠. 오전은 a.m., 오후는 p.m.이에요.

Basic Expression

지금 몇 시죠?

What time is it now?

왓 타임 이짓 나우

몇 시입니까?

Do you have the time?

두 유 햅 더 타임

몇 시쯤 됐을까요?

I wonder what time is it?

아이 원더 왓 타임 이짓

시간 있으세요?

Have you got a minute?

해뷰 가러 미닛

시간이 없어요.

I'm in a hurry.

아임 인 어 허리

시계가 정확한가요?

Is your watch correct?

이즈 유얼 왓치 커렉트

A: 몇 시죠?

B: 10시 23분입니다.

□ □ □

학습일 / ☐

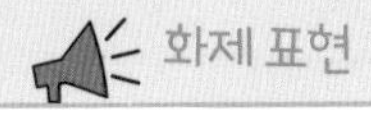

날짜와 요일에 대해 말할 때

A: **What's the date today?**

왓츠 더 데잇 투데이

오늘이 며칠이죠?

B: **It's the third of March.**

잇츠 더 써드 옵 마치

3월 3일이에요.

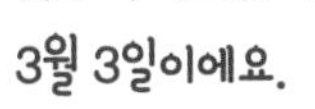

날짜를 표시할 때 미국에서는 월, 일, 년도 순이고, 영국에서는 일, 월, 년도의 순으로 조금 달라요. 월을 표기할 때는 August를 Aug. 식으로 주로 생략형을 쓰고, 날짜를 말하는 문장의 주어는 시간의 경우처럼 주로 it를 사용해요. 날짜를 물을 때는 보통 What's today's date?(오늘 며칠이에요?) / 요일을 물을 때는 What day is it today?(오늘 무슨 요일이에요?)예요.

오늘이 며칠이죠?

What's the date today?

왓츠 더 데잇 투데이

오늘이 무슨 요일이죠?

What day is it today?

왓 데이 이짓 투데이

몇 월이죠?

What month is it?

왓 먼쓰 이짓

거기는 오늘 며칠이에요?

What's the date today over there?

왓츠 더 데잇 투데이 오버 데얼

생일이 언제예요?

When's your birthday?

웬즈 유얼 벌쓰데이

시험이 언제부터죠?

When does the exam start?

웬 더즈 디 이그젬 스탓

□ □ □

A: 오늘이 며칠이죠?

B: 3월 3일이에요.

날씨에 대해 말할 때

A: It's a lovely day, isn't it?

잇츠 어 러블리 데이, 이즌팃

날씨가 아주 근사하네요, 안 그래요?

B: Yes, it is.

예스, 이리즈

그렇군요.

날씨를 묻는 기본 질문은 How's the weather today?(오늘 날씨 어때요?)이고, 기본적인 대답 형태는 It's fine.(맑아요.)이에요. 날씨에 따라 fine 자리에 cool(시원하다), cold(춥다), freezing(얼어붙을 것 같다), warm(따뜻하다), hot(덥다), burning(무척 덥다), raining(비가 온다), snowing(눈이 내린다), cloudy(날이 흐리다) 등을 넣어서 응용하면 되는 거죠.

오늘 날씨 어때요?

How's the weather today?

하우즈 더 웨더 투데이

오늘은 날씨가 화창하군요.

It's a beautiful day today.

잇처 뷰티플 데이 투데이

이제 비가 그쳤습니까?

Has the rain stopped yet?

해즈 더 레인 스탑트 옛

정말 너무 더워요.

It's terribly hot.

잇츠 테러블리 핫

정말 춥네, 안 그래요?

It's freezing cold, isn't it?

잇츠 프리징 콜드, 이즌팃

눈이 올 것 같아요.

It looks like snow.

잇 룩스 라익 스노우

A: 날씨가 아주 근사하네요, 안 그래요?

B: 그렇군요.

계절에 대해 말할 때

Mini Talk

A: **Which season do you like best?**

위치 씨즌 두 유 라익 베슷

어느 계절을 가장 좋아하세요?

B: **I like spring best.**

아이 라익 스프링 베슷

봄을 가장 좋아해요.

Check Point!

봄은 spring, 따뜻한(warm) 계절이죠. 여름은 summer, 무더운(hot) 계절이에요. 가을은 fall 또는 autumn, 서늘하고(cool) 아름다운 계절이에요. 가을의 독특한 분위기를 좋아하는 사람들도 꽤 많고요. 겨울은 winter, 춥고(cold) 눈 내리는 축제의 계절이죠. What season is it?(지금은 무슨 계절인가요?)이라 묻고 It's spring(summer, fall, winter).라고 대답해요.

Basic Expression

어느 계절을 가장 좋아하세요?

Which season do you like best?

위치 시즌 두 유 라익 베슷

참 화창한 봄날이네요!

What a bright spring day!

와러 브라잇 스프링 데이

여름이 왔어요.

Summer has come.

썸머 해즈 컴

가을은 독서의 계절이에요.

Autumn is the best season for reading.

오텀 이즈 더 베슷 시즌 풔 리딩

가을엔 하늘이 높아요.

The sky is high in Autumn.

더 스카이 이즈 하이 인 오텀

겨울이 오고 있어요.

Winter is on its way.

윈터 이즈 온 잇츠 웨이

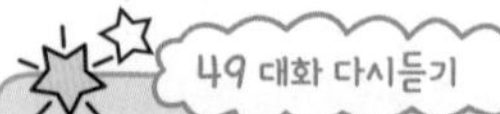

□ □ □

A: 어느 계절을 가장 좋아하세요?

B: 봄을 가장 좋아해요.

학습일 /

종교에 대해 말할 때

A: **Are you religious?**

알 유 릴리져스

종교를 가지고 있습니까?

B: **No, I'm an atheist.**

노, 아임 언 에이씨이스트

아니요, 저는 무신론자예요.

종교 이야기를 할 때는 전적으로 상대방의 종교를 존중해야 해요. 다른 종교를 비난하거나 공격하는 것은 절대 금물! Are you religious?(종교 있어요?) / What religion are you?(무슨 종교를 믿어요?)라고 물어요. 종교의 종류는 Atheist(무신론자), Christian(기독교), Muslim(이슬람교), Buddhist(불교), Sikh(시크교), Hindu(힌두교), Catholic(천주교) 등 다양해요.

Basic Expression

무슨 종교를 믿습니까?

What is your religion?

와리즈 유얼 릴리젼

신을 믿으세요?

Do you believe in God?

두 유 빌리브 인 갓

저는 기독교 신자예요.

I'm a Christian.

아임 어 크리스쳔

저는 천주교를 믿습니다.

I'm a Catholic.

아임 어 캐쓸릭

저는 불교 신자입니다.

I'm a Buddhist.

아임 어 부디스트

가까운 곳에 교회가 있나요?

Is there a church near here?

이즈 데어러 춰치 니어 히얼

A: 종교를 가지고 있습니까?

B: 아니요, 저는 무신론자예요.

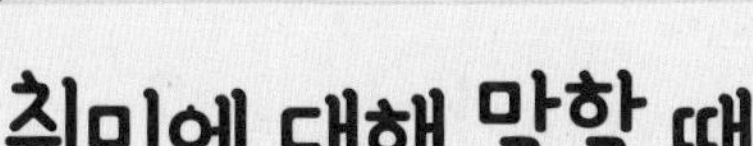

취미에 대해 말할 때

A: **Do you like romantic movies?**
두 유 라익 로멘틱 무비스
로맨틱 영화 좋아하세요?

B: **I love it!**
아이 럽 잇
완전 좋아해요!

취미가 무엇인지 물을 때는 What is your hobby?(취미가 뭐예요?), 어떤 일에 흥미가 있는지 물을 때는 What are you interested in?(무엇에 흥미가 있어요?), 취미를 시작하게 된 계기를 물을 때는 What made you start your hobby?(어떻게 그 취미를 시작했어요?)라고 해요. 취미가 없다면 I have no hobbies in particular.(특별한 취미는 없어요)라고 대답하죠.

취미가 뭐예요?

What are your hobbies?

워라 유얼 하비스

취미로 무얼 하세요?

What do you do for fun?

왓 두 유 두 풔 펀

난 온라인 채팅에 푹 빠져 있어요.

I'm so into online chatting.

아임 쏘 인투 온라인 채팅

난 인터넷 검색하는 거 좋아해요.

I like surfing the internet.

아이 라익 서핑 디 인터넷

난 낚시에 관심 있어요.

I'm interested in fishing.

아임 인터레스티드 인 피싱

전 물건들을 고치는 걸 즐겨요.

I enjoy fixing things.

아이 인죠이 픽싱 씽즈

A: 로맨틱 영화 좋아하세요?

B: 완전 좋아해요!

□ □ □

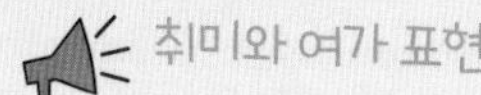

여가에 대해 말할 때

A: **What do you do in your spare time?**

왓 두 유 두 인 유얼 스페어 타임

여가 시간에 뭐 하세요?

B: **I watch old movies.**

아이 워치 올드 무비스

옛날 영화를 봐요.

바쁘고 치열하게 사는 현대인에게 주말이나 휴가 등의 여가 시간을 어떻게 보낼 것인지는 굉장히 중요하죠. 잠깐의 여가 시간조차 허투루 보내지 않으려고 계획을 짜는 사람도 있고 여가는 여가답게 아무 계획 없이 느긋하게 지내는 사람들도 있어요. What do you usually do in your free time?(여가 시간에 보통 무엇을 하시나요?)에 대한 대답을 미리 준비해 두세요.

Basic Expression

주말에 주로 뭐 하세요?

What do you like to do on the weekends?

왓 두 유 라익 투 두 온 더 위캔즈

쉬는 날에는 주로 뭐 하세요?

What do you usually do on your day off?

왓 두 유 유절리 두 온 유얼 데이 업

여가 시간엔 뭐 하세요?

What do you like doing in your free time?

왓 두 유 라익 두잉 인 유얼 프리 타임

여가 시간에 축구를 즐겨요.

I enjoy playing football in my free time.

아이 인죠이 플레잉 풋볼 인 마이 프리 타임

여가 시간에 그림을 그려요.

I spend my spare time drawing pictures.

아 스펜 마이 스페어 타임 드로우잉 픽쳐스

한가할 때 옛날 영화를 봐요.

I watch old movies at odd moments.

아이 워치 올드 무비스 앳 아드 모먼츠

A: 여가 시간에 뭐 하세요?

B: 옛날 영화를 봐요.

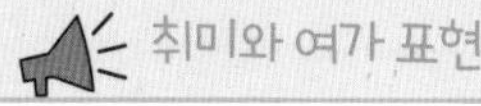

오락에 대해 말할 때

A: What kind of game would you like to play?

왓 카인드 옵 게임 우쥬 라익 투 플레이

무슨 게임을 하고 싶어요?

B: Well, how about playing a video game?

웰, 하우 어바웃 플레잉 어 비디오 게임

저, 비디오 게임 한 번 하는 게 어떻겠습니까?

요즘은 친구들과 함께 즐길 수 있는 오락이나 게임 종류가 정말 많아요. 실내 게임, 야외 게임 할 것 없이 취향이 비슷한 친구들끼리 모이면 시간가는 줄 모르죠. Let's play a game.(게임하자) / Do you like this game?(이 게임 좋아해?) / I'll tell you how to play.(게임 방법을 설명해줄게) / Let me demonstrate.(내가 시범을 보여줄게) 등의 표현이 있어요.

Basic Expression

나는 실내 게임은 못 합니다.

I'm not one for indoor games.

아임 낫 원 풔 인도어 게임스

포커를 가르쳐 주시겠습니까?

Could you tell me how to play poker?

쿠쥬 텔미 하우 투 플레이 포커

좀 쉬운 게임 있어요?

Is there any easy games?

이즈 데얼 애니 이지 게임스

핀볼게임 해 보셨어요?

Have you tried the pin-ball game?

해뷰 트라이드 더 핀-볼 게임

칩을 현금으로 바꿔 주세요.

Cash my chips, please.

캐쉬 마이 칩스, 플리즈

멋진 오락거리를 찾으세요?

Do you want some great entertainments?

두 유 원ㅌ 썸 그레잇 엔터테인먼스

A: 무슨 게임을 하고 싶어요?

B: 저, 비디오 게임 한 번 하는 게 어떻겠습니까?

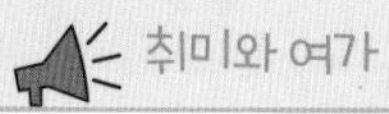

책과 신문에 대해 말할 때

A: **Who's your favorite author?**

후즈 유얼 페이버릿 어덜

좋아하는 작가는 누구예요?

B: **I love Herman Hesse.**

아이 럽 헤르만 헷세

헤르만 헤세를 무지 좋아해요.

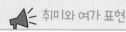

책과 신문에 관한 이야기가 대화 주제로 오르는 일은 생각보다 꽤 흔해요. 일반적으로 많이 알려진 책 제목이나 독서에 관한 영어 표현들을 익혀 둘 필요가 있는 거죠. 소설은 novel, story, fiction이라고 해요. extensive reading(광범위한 독서, 다독), intensive reading(집중적인 독서), page-turner(술술 넘어가는 책), head-scratcher(어려운 책) 등도 알아두세요.

Basic Expression

책 많이 읽으세요?

Do you read many books?

두 유 릿 매니 북스

책 읽을 시간이 없어요.

I have no time to read.

아이 햅 노 타임 투 릿

어떤 책을 좋아하세요?

What books do you like?

왓 북스 두 유 라익

이 책 읽어보셨어요?

Have you read this book?

해뷰 렛 디스 북

나는 역사소설을 좋아해요.

I like historical novels.

아이 라익 히스토리컬 너블즈

오늘 신문 보셨어요?

Have you seen today's paper?

해뷰 씬 투데이즈 페이퍼

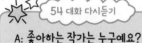

A: 좋아하는 작가는 누구예요?

B: 헤르만 헤세를 무지 좋아해요.

음악에 대해 말할 때

A: What genre do you like?

왓 잔러 두 유 라익

어떤 장르를 좋아하세요?

B: I love pop music.

아이 럽 팝 뮤직

팝을 좋아합니다.

음악은 만국 공통어라고 하죠. 음악 얘기를 할 때 절대 빠질 수 없다면 음악 관련 영어표현을 미리 알아둬야 해요. a catchy tune은 듣다 보면 저절로 따라 부르게 되는 쉬운 멜로디, to have a great voice는 엄청 노래를 잘 부른다, a huge following은 팬이 아주 많다, a massive hit는 높은 판매량을 기록한 히트 앨범, taste in music은 음악적 취향을 뜻해요.

Basic Expression

음악 좋아하세요?

Do you like music?

두 유 라익 뮤직

어떤 장르를 좋아하세요?

What genre do you like?

왓 잔러 두 유 라익

난 재즈를 좋아해요.

I like Jazz.

아이 라익 재즈

이 노래는 중독성이 있어요.

That song is catchy.

댓 쏭 이즈 캣취

좋아하는 가수가 누구예요?

Who is your favorite singer?

후 이즈 유얼 페이버릿 씽어

저는 노래는 못해요.

I'm poor at singing.

아임 푸어 앳 씽잉

□ □ □

A: 어떤 장르를 좋아하세요?

B: 팝을 좋아합니다.

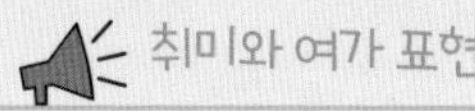

그림에 대해 말할 때

A: **What a wonderful picture!**

와러 원더풀 픽쳐

멋진 그림이군요!

B: **Do you think so? Thank you.**

두 유 씽 쏘? 땡큐

그렇게 생각하세요? 감사합니다.

그림도 음악 못지않게 만국 공통의 취미죠. 직접 그림을 그리거나 미술관에 다니면서 즐기는 정도는 아니라도 훌륭한 미술작품을 얼마든지 쉽게 접할 수 있어요. 기본적인 용어는 알아둬야죠. picture(연필·펜·물감으로 그린 그림), drawing(색칠을 하지 않은 그림), painting(물감으로 그린 그림), portrait(초상화, 인물화), illustration(책 등에 실린 삽화), sketch(스케치)

전 그림 그리기를 좋아해요.

I like painting.

아이 라익 페인팅

그녀는 화가예요.

She is a painter.

쉬 이즈 어 페인터

그는 그래픽 아티스트예요.

He is a graphic artist.

히 이즈 어 그래픽 아티스트

그림 참 잘 그리네요.

You are good at drawing.

유 알 굿 앳 드로우잉

이 그림에 대해 어떻게 생각하세요?

What do you think of this painting?

왓 두유 씽 옵 디스 페인팅

그림에 대한 안목이 있으시군요.

You have an eye for paintings.

유 해번 아이 풔 페인팅스

☐ ☐ ☐

A: 멋진 그림이군요!

B: 그렇게 생각하세요? 감사합니다.

텔레비전에 대해 말할 때

A: **What are you doing?**

워라유 두잉

뭐해요?

B: **I'm just watching TV at home.**

아임 저슷 워칭 티비 앳 홈

집에서 그냥 TV 보고 있어요.

취미 중에 빠질 수 없는 게 TV시청이죠. 전날 드라마를 놓쳤다간 친구들 얘기에 끼지도 못하잖아요. 물론 뉴스, 스포츠, 음악, 예능 등 챙겨 볼 것도 정말 많아요. TV 볼 때 필요한 표현들도 몇 가지 알아둬야 해요. What's on TV?(TV에서 뭐해?) / Where is the remote (control)?(리모콘 어디 있지?) / Change the channel.(돌려 봐)

Basic Expression

지금 텔레비전에서 뭐해요?

What's on TV?

왓츠 온 티비

텔레비전에서 뭐 재미있는 거 해요?

Is there anything good on TV?

이즈 데얼 애니씽 굿 온 티비

리모콘 좀 줘.

Pass me the remote.

패스 미 더 리모트

어떤 텔레비전 프로그램을 좋아하세요?

Which program do you enjoy most?

위치 프로그램 두 유 인조이 모슷

저는 퀴즈쇼를 좋아해요.

I like to watch quiz shows.

아이 라익 투 워치 퀴즈 쇼우즈

텔레비전을 켜 주시겠어요?

Could you turn on the television?

쿠쥬 턴 온 더 텔레비전

A: 뭐해요?

B: 집에서 그냥 TV 보고 있어요.

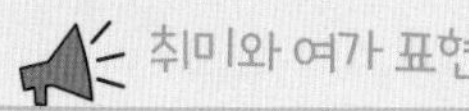

영화에 대해 말할 때

Mini Talk

A: **How did you like the movie?**
하우 디쥬 라익 더 무비
영화 어땠어요?

B: **It was great!**
잇 워즈 그레잇
굉장했어요.

Check Point!

영화 싫어하는 사람 별로 못 본 것 같아요. 독서, 음악만큼이나 대중적인 취미라고 할 수 있죠. 영화에 관한 얘기를 하려면 일단 기본적인 용어를 알아야 해요. Trailer(영화 상영 전에 나가는 예고편), Genre(장르), Rom Com(로맨틱 코미디영화), Costume drama(시대극), Thriller(스릴러, 공포영화), Tearjerker(슬픈 영화), Cameo(카메오), Spoiler(스포일러)

Basic Expression

어떤 영화를 좋아하세요?

What kind of movies do you like?

왓 카인드 옵 무비즈 두 유 라익

얼마나 자주 영화 보러 가세요?

How often do you go to the movies?

하우 오픈 두 유 고 투 더 무비즈

영화 어땠어요?

How did you like the movie?

하우 디쥬 라익 더 무비

가장 좋아하는 영화가 뭐예요?

What's your favorite movie?

왓츠 유얼 페이버릿 무비

가장 좋아하는 남자배우는 누구예요?

Who's your favorite actor?

후즈 유얼 페이버릿 액터

지금 무슨 영화 해요?

What movie is showing?

왓 무비 이즈 쇼우잉

□ □ □

A: 영화 어땠어요?

B: 굉장했어요.

운동이나 스포츠에 대해 말할 때

A: What kind sports do you like?

왓 카인드 스포츠 두 유 라익

어떤 스포츠를 좋아하세요?

B: I like all kinds of sports.

아이 라익 올 카인즈 옵 스포츠

스포츠라면 뭐든지 좋아합니다.

일반적으로 운동이나 스포츠 경기에 대해 말할 때는 동사 play, do, go를 씁니다. play는 Badminton, Baseball, football, rugby처럼 공을 이용해서 팀을 이루어서 경쟁하는 운동이나 스포츠에 주로 사용하고, do는 에어로빅, 육상, 체조, 요가처럼 혼자 하는 스포츠나 운동에 사용하고, go는 주로 -ing 형태로 캠핑, 수영, 조깅처럼 어디 가서 하는 스포츠에 사용해요.

Basic Expression

운동하세요?

Do you work out?

두 유 웕크 아웃

얼마나 자주 운동하세요?

How often do you exercise?

하우 오픈 두 유 엑서사이즈

건강을 위해 어떤 운동을 하세요?

What exercise do you do for your health?

왓 엑서사이즈 두 유 두 풔 유얼 핼스

운동하는 것을 좋아하세요?

Do you like playing sports?

두 유 라익 플레잉 스포츠

스포츠라면 뭐든지 좋아합니다.

I like all kinds of sports.

아이 라익 올 카인즈 옵 스포츠

그 경기 누가 이겼죠?

Who won the game?

후 원 더 게임

□ □ □

A: 어떤 스포츠를 좋아하세요?

B: 스포츠라면 뭐든지 좋아합니다.

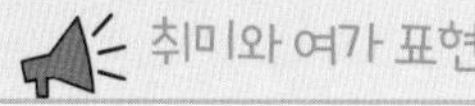

여행에 대해 말할 때

A: **Do you like traveling by ship?**
두 유 라익 트레벌링 바이 십
배 여행을 좋아하세요?

B: **No, I prefer to travel by plane.**
노, 아이 프리풔 투 트레블 바이 플레인
아뇨, 비행기로 여행하는 게 더 좋아요.

여름휴가, 겨울방학, 설 연휴, 추석 연휴 등 휴가철마다 해외여행을 떠나는 사람들이 많아시면서, 이제는 해외여행이 사치가 아니라 생활의 한 부분이 된 것 같아요. 해외여행을 떠나기 전에 최소한 기본 용어는 알고 가자고요. Check-in(탑승 수속), departure time(출발 시간), Transfer(환승), Customs Declaration(세관 신고), Landing card/form(입국 신고서)

Basic Expression

저는 여행하는 것을 좋아해요.

I am fond of traveling.

아이 엠 폰드 옵 트래블링

여행은 마음을 넓혀줘요.

Travel broadens the mind.

트래블 브로든스 더 마인드

여행은 어땠어요?

How was your trip?

하우 워즈 유얼 트립

저는 가족과 함께 여행하는 것을 좋아해요.

I enjoy traveling with my family.

아이 인조이 트래블링 윗 마이 패멀리

해외여행을 하신 적이 있습니까?

Have you ever traveled overseas?

해뷰 에버 트래블드 오버씨즈

해외여행은 이번이 처음입니다.

This is my first trip overseas.

디시즈 마이 퍼슷 트립 오버씨즈

☐ ☐ ☐

A: 배 여행을 좋아하세요?

B: 아뇨, 비행기로 여행하는 게 더 좋아요.

PART 02

여행편

- TRAVEL -

ENGLISH CONVERSATION

출입국
숙박
식사
교통
관광
쇼핑

비행기 예약

A: **How much is the fare?**

하우 머치 이즈 더 페어

요금이 얼마죠?

B: **One-way or round trip?**

원-웨이 오어 라운드 트립

편도인가요, 왕복인가요?

요즘은 비행기 예약도 주로 인터넷으로 하니까 굳이 비행기 예약 표현을 배우지 않아도 될지도 모르지만 기본 표현은 알아두는 게 좋아요. I'd like to book a flight to New York.(뉴욕 행 비행기를 예약하고 싶어요) / Economy, please.(일반석으로 주세요) / I would like a window seat.(창문 쪽으로 주세요) / How much is the fare? (요금은 얼마예요?)

Basic Expression

뉴욕 행 비행기를 예약하고 싶은데요.

I'd like to book a flight to New York.

아이드 라익 투 부커 플라잇 투 뉴욕

예약을 확인하고 싶은데요.

I'd like to confirm my reservation.

아이드 라익 투 컨펌 마이 레저베이션

요금이 얼마죠?

How much is the fare?

하우 머취 이즈 더 페어

더 저렴한 티켓은 있나요?

Is there a cheaper ticket?

이즈 데어러 취퍼 티킷

남은 좌석 있나요?

Are there seats available?

알 데얼 씻츠 어베이러블

직항 있나요?

Is there a non-stop flight?

이즈 데어러 난-스탑 플라잇

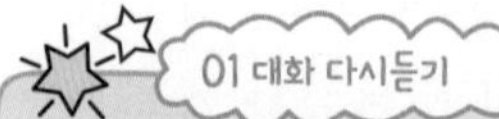

□□□

A: 요금이 얼마죠?

B: 편도인가요, 왕복인가요?

탑승 수속

A: **Your passport and ticket, please.**

유얼 패스풋 앤 티킷, 플리즈

여권과 항공권을 주세요.

B: **Here they are.**

히얼 데이 알

여기 있습니다.

보통 국제선은 출발시간 2시간 전에 출국수속을 시작해요. 주말에는 항상 공항이 붐비고 수속도 늦어지니까 미리 공항에 가 있는 게 좋아요. 비행기의 좌석 배정은 비행기 티켓을 좌석권으로 바꿀 때 정해지기 때문에 탑승수속을 일찍 할수록 좋은 자리에 앉을 확률도 높아지죠. 귀중품은 세관을 통과할 때 꼭 신고하고 기내에는 간단한 휴대용 가방만 갖고 들어가요.

대한항공 탑승 수속 창구가 어디 있어요?

Where is the Korean Air check-in counter?

웨어리즈 더 코리언 에어 체킨 카운터

언제 탑승해요?

When do we board?

웬 두 위 보드

10번 게이트가 어디예요?

Where is Gate 10?

웨어리즈 게잇 텐

여기서 체크인하나요?

Can I check-in here?

캔 아이 체킨 히얼

이 게이트로 어떻게 가죠?

How do I get to this gate?

하우 두 아이 겟 투 디스 게잇

이걸 기내에 가지고 들어갈 수 있어요?

Can I carry this in the cabin?

캔 아이 캐리 디스 인 더 캐빈

A: 여권과 항공권을 주세요.

B: 여기 있습니다.

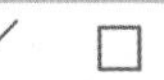

비행기 안에서

A: **Excuse me. Can I have another blanket?**

익스큐즈 미. 캔 아이 햅 어나더 블랭킷

저기요, 담요 한 장 더 주실래요?

B: **Sure. Wait a minute, please.**

슈얼. 웨이러 미닛, 플리즈

그럼요. 잠깐만 기다리세요.

비행기를 처음 타거나 배정된 좌석을 찾기 힘들 땐 항공사 스튜어디스에게 도움을 청하면 되요. 외국비행기에 탑승했을 경우라도 좌석권을 스튜어디스에게 보여 주면 알아듣는답니다. aisle(통로), captain(기장), cockpit(조종실(석)), life vest(구명조끼), nonsmoking section(금연구역), overhead rack(기내의 짐 넣는 선반), rest room(화장실) 정도는 알아두세요.

Basic Expression

여기는 제 자리인데요.

This is my seat.

디시즈 마이 씻

자리를 바꿔도 될까요?

Can I change my seat?

캔 아이 체인쥐 마이 씻

짐을 위로 올려 주세요.

Please put this bag up there.

플리즈 풋 디스 백 업 데얼

입국신고서 한 장만 더 주세요.

Can I get another landing card?

캔 아이 겟 어나덜 랜딩 카드

여기에 뭘 써야 하나요?

What should I write here?

왓 슈다이 라잇 히얼

좀 지나가도 될까요?

Excuse me, can I get through?

익스큐즈 미, 캔 아이 겟 쓰루

□ □ □

A: 저기요, 담요 한 장 더 주실래요?

B: 그럼요. 잠깐만 기다리세요.

기내식사

Mini Talk

A: Would you like chicken, or beef?

우쥬 라익 치킨, 오얼 비프

치킨 드시겠어요? 아니면 비프로 드시겠어요?

B: Chicken, please.

치킨, 플리즈

치킨으로 주세요.

Check Point!

기내식은 In-flight meal이라고 해요. 간단한 주문 표현을 익혀서 맛있는 기내식을 먹어봅시다. A glass of milk, please.(우유 주세요) / Beef, please.(쇠고기 요리 주세요) / I'd like some coffee, please.(커피 한잔 주세요) / I pre-ordered a child (kid) meal.(어린이 메뉴를 미리 주문했어요) / Can I change my meal?(식사를 바꿔도 되나요?)

Basic Expression

맥주 있어요?

Do you have beer?

두 유 햽 비얼

콜라 주세요.

Coke, please.

콕, 플리즈

식사 시간에 깨워주세요.

Wake me up at mealtime.

웨익 미 업 앳 밀타임

고추장 있어요?

Do you have red pepper paste?

두 유 햽 렛 페퍼 페이슷

물 좀 주세요.

Can you get me some water?

캔 유 겟 미 썸 워러

저녁은 언제 나와요?

When will dinner be served?

웬 윌 디너 비 썹드

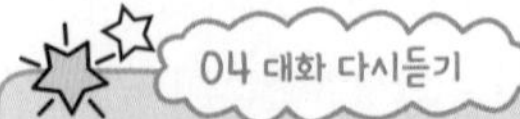

A: 치킨 드시겠어요? 아니면 비프로 드시겠어요?

B: 치킨으로 주세요.

☐ ☐ ☐

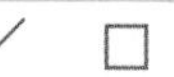

비행기를 갈아탈 때

A: I missed my connecting flight. What should I do?

아이 미스트 마이 커넥팅 플라잇. 왓 슈다이 두

연결편을 놓쳤는데, 어떻게 해야 되죠?

B: We'll put you on the next flight.

위일 풋 유 온 더 넥슷 플라잇

다음 비행기를 잡아 드리겠습니다.

목적지까지 직접 가는 비행기가 없을 땐 비행기를 갈아탈 수밖에 없어요. 낯선 나라에서 비행기를 갈아타는 일이 쉽지는 않을 거라고 대개는 잔뜩 긴장하게 되죠. transit(환승), transfer(갈아타다), transfer pass(통과카드), boarding gate(탑승구), check in(탑승수속), boarding time(탑승시간) 등의 기본 용어들을 익혀두면 안내판을 이해할 수 있어요.

Basic Expression

이 공항에 어느 정도 머무나요?

How long will we stop here?

하우 롱 윌 위 스탑 히얼

얼마나 머무나요?

How long is the stopover?

하우 롱 이즈 더 스탑오버

얼마나 기다려야 해요?

How long should I wait?

하우 롱 슈다이 웨잇

어디서 갈아타죠?

Where can I transfer?

웨얼 캔 아이 트랜스풔

환승 카운터는 어디 있어요?

Where is the transfer counter?

웨어리즈 더 트랜스풔 카운터

수속을 다시 밟아야 하나요?

Do I have to check in again?

두 아이 햅 투 체킨 어게인

□ □ □

A: 연결편을 놓쳤는데, 어떻게 해야 되죠?

B: 다음 비행기를 잡아 드리겠습니다.

입국심사

A: What's the purpose of your visit?

왓츠 더 퍼포즈 옵 유얼 비짓

여행 목적은 무엇입니까?

B: Sightseeing.

싸이씽

관광입니다.

목적지 공항에 도착하면 안내판을 읽으면서 따라가요. 먼저 ARRIVAL, TO THE CITY 또는 ENTRY 등의 표시를 거쳐서 Immigration 또는 Passport Control을 향해서 가면 마침내 입국심사 카운터에 도착하게 되죠. 기내에서 작성한 입국카드와 여권을 심사관에게 보여주고 질문하는 대로 대답해요. 질문과 응답은 대개 정해져 있으므로 성실하게 대답하면 됩니다.

여권 좀 보여 주시겠습니까?

May I see your passport, please?

메아이 씨 유얼 패스폿, 플리즈

여행 목적은 무엇입니까?

What's the purpose of your visit?

왓츠 더 퍼포즈 옵 유얼 비짓

어느 정도 머무십니까?

How long are you going to stay?

하우 롱 알 유 고잉 투 스테이

어디에 머무십니까?

Where are you going to stay?

웨어라 유 고잉 투 스테이

최종 목적지는 어디입니까?

What's your final destination?

왓츠 유얼 파이널 데스터네이션

단체 여행을 하시는 건가요?

Are you traveling in a group?

알 유 트래벌링 인 어 그룹

A: 여행 목적은 무엇입니까?

B: 관광입니다.

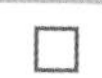

짐을 찾을 때

A: Let me see your claim tag.

렛 미 씨 유얼 클램 택

수화물 보관증을 보여 주십시오.

B: Here it is.

히얼 이리즈

여기 있습니다.

Check Point!

입국심사를 마치고 나면 짐을 찾아야 해요. 짐 찾는 곳은 baggage claim area라고 해요, 안내표지를 따라가는 것도 지친다 싶으면 물어봐야죠. Excuse me, where is the baggage claim area?(실례지만 짐 찾는 데가 어디죠?) 그냥 쉽게 Where can I pick up my luggage?(가방을 어디서 찾아야 하죠?)라고 물어도 되요.

Basic Expression

수화물은 어디서 찾나요?

Where can I get my baggage?

웨얼 캔 아이 겟 마이 배기쥐

제 짐이 보이지 않아요.

I can't find my baggage.

아이 캔ㅌ 퐈인드 마이 배기쥐

제 여행가방이 여기에 없어요.

My suitcase is not here.

마이 슛케이스 이즈 낫 히얼

제 짐 좀 찾아주시겠어요?

Could you help me to find my baggage?

쿠쥬 핼프 미 투 퐈인드 마이 배기쥐

짐 특징을 알려 주시겠어요?

Can you describe your baggage?

캔 유 디스크라입 유얼 배기쥐

제 짐이 파손되었어요.

My baggage was damaged.

마이 배기쥐 워즈 데미쥐드

A: 수화물 보관증을 보여 주십시오.

B: 여기 있습니다.

세관을 통과할 때

A: **What's this?**
왓츠 디스
이것은 무엇입니까?

B: **It's a personal article.**
잇츠 어 퍼스널 아티클
그건 개인용품입니다.

공항 세관을 통과할 때 필요한 영어 표현들은 특히 잘 알아둬야 해요. 질문은 대체로 정해져 있으니까 필수적인 질문과 대답을 미리 알아두면 크게 어려울 건 없죠. I have only personal effects.(개인용품뿐입니다) / Store this baggage in bond, please.(이 짐들은 보세 창고에 맡겨 주세요)에서 effect는 복수로 '물품', bond는 '보세 창고'의 뜻을 갖습니다.

Basic Expression

특별히 신고하실 것이 있습니까?

Do you have anything to declare?

두 유 햅 애니씽 투 디클레어

가방을 열어 주십시오.

Open your bag, please.

오픈 유얼 백, 플리즈

이 가방에 무엇이 들어 있습니까?

What do you have in this bag?

왓 두 유 햅 인 디스 백

그건 제 친구에게 줄 선물입니다.

It's a gift for my friend.

잇츠 어 깁트 풔 마이 프랜드

다른 짐은 없습니까?

Do you have any other baggage?

두 유 햅 애니 어덜 배기쥐

좋습니다. 가셔도 됩니다.

All right. You may go now.

올 롸잇. 유 메이 고 나우

□□□

A: 이것은 무엇입니까?

B: 그건 개인용품입니다.

공항에서 환전을 할 때

Mini Talk

A: **Where can I exchange money?**

웨얼 캔 아이 익스체인쥐 머니

환전은 어디서 하나요?

B: **Go to "Currency Exchange."**

고 투 "커런시 익스체인쥐"

'환전'이라고 표시된 곳으로 가세요.

Check Point!

해외여행을 가면 반드시 해야 하는 것이 바로 환전입니다. 환전은 exchange, 환율은 exchange rate예요. 우리나라처럼 신용카드로 다 해결되지 않는 곳이 의외로 꽤 많거든요. 부피가 좀 많더라도 잔돈으로 바꿔둬야 쓰기 좋아요. Could you break this?(잔돈으로 바꿔주시겠어요?) / Please give me small changes.(잔돈으로 주세요)

환전소는 어디에 있나요?

Where's the money change?

웨어즈 더 머니 체인쥐

환전 좀 해 주세요.

Exchange, please.

익스체인쥐, 플리즈

이걸 달러로 바꿔 주세요.

Can you change this into dollars?

캔 유 체인쥐 디스 인투 달러즈

환율은 어떻게 되죠?

What's the rate of exchange?

왓츠 더 레잇 옵 익스체인쥐

이 여행자수표를 현금으로 바꾸고 싶은데요.

I'd like to cash these traveler's checks.

아이드 라익 투 캐쉬 디즈 트레벌러즈 첵스

(지폐를 건네며) 이걸 잔돈으로 바꿔 주시겠어요?

May I have some change?

메아이 햅 썸 체인쥐

□ □ □

A: 환전은 어디서 하나요?

B: '환전'이라고 표시된 곳으로 가세요.

공항 안내소에서

A: **Excuse me. I'd like to get a city map, please.**

익스큐즈 미. 아이드 라익 투 게러 씨티 맵, 플리즈

실례합니다. 시내지도 한 장 얻고 싶습니다.

B: **Yes, here it is.**

예스, 히얼 이리즈

네, 여기 있습니다.

Tourist Information 등으로 표시된 공항 로비의 안내소에는 관광객들의 편의를 위한 무료지도, 관광안내 팸플릿, 호텔안내 팸플릿 등의 다양한 정보 상품이 준비되어 있습니다. 시내의 교통수단, 호텔이 위치한 장소나 택시요금 등 필요한 정보를 모으도록 합시다. 대형 공항에는 호텔예약, 렌터카 등의 별도의 부스가 있는 경우도 있어요.

관광안내소는 어디에 있나요?

Where's the tourist information center?

웨어즈 더 투어리슷 인풔메이션 센터

실례합니다. 시내지도 한 장 얻고 싶은데요.

Excuse me. I'd like to get a city map, please.

익스큐즈 미. 아이드 라익 투 게러 씨티 맵, 플리즈

시내로 들어가는 공항버스는 있나요?

Is there an airport bus to the city?

이즈 데어런 에어폿 버스 투 더 씨티

시내까지 택시비는 얼마 정도입니까?

How much does it cost to the city center by taxi?

하우 머취 더짓 코슷 투 더 씨티 센터 바이 택시

여기서 호텔 예약을 할 수 있나요?

Can I reserve a hotel here?

캔 아이 리저브 어 호텔 히얼

시내 호텔을 예약해 주시겠어요?

Could you reserve a hotel in the city?

쿠쥬 리저브 어 호텔 인 더 씨티

□ □ □

A: 실례합니다. 시내지도 한 장 얻고 싶습니다.

B: 네, 여기 있습니다.

호텔 예약

A: **What kind of room are you looking for?**

왓 카인드 옵 룸 알 유 룩킹 풔

어떤 방을 원하십니까?

B: **I'd like a single room with bath.**

아이드 라이커 싱글 룸 윗 배쓰

욕실이 딸린 싱글 룸으로 주세요.

여행을 떠나기 전에 호텔 예약은 필수예요. 시즌이 아니라도 현지에서 호텔을 찾으려면 그만큼 귀한 시간을 낭비하게 되니까요. 예약을 했다고 해도 반드시 제시간에 체크인해야 해요. 특히 시즌 중에는 해약할 경우를 생각해서 여분으로 예약을 받아두는 경우가 꽤 많기 때문에 연락도 없이 늦게 도착해서 체크인하려고 하면 이미 예약이 취소되어 낭패를 볼 수 있어요.

Basic Expression

오늘 밤 호텔을 예약하고 싶은데요.

I'd like to reserve a hotel room for tonight.

아이드 라익 투 리저브 어 호텔 룸 풔 투나잇

얼마나 머무실 겁니까?

How long will you be staying?

하우 롱 윌 유 비 스테잉

1박에 얼마인가요?

How much for a night?

하우 머취 풔러 나잇

아침식사는 포함된 건가요?

Is breakfast included?

이즈 브랙퍼슷 인클루딧

예약을 취소하고 싶은데요.

I'd like to cancel my reservation.

아이드 라익 투 캔슬 마이 레저베이션

예약을 변경하고 싶은데요.

I'd like to change my reservation.

아이드 라익 투 체인쥐 마이 레저베이션

A: 어떤 방을 원하십니까?

B: 욕실이 딸린 싱글 룸으로 주세요.

학습일 / □

예약을 했을 때 체크인

A: **Do you have a reservation?**

두 유 해버 레저베이션

예약을 하셨습니까?

B: **Yes. I have a reservation for Mr. Kim.**

예스. 아이 해버 레저베이션 풔 미스터 킴

네, '김'이라는 이름으로 예약을 했는데요.

호텔의 체크인 시각은 보통 오후 2시부터예요. 호텔 도착시간이 예정보다 늦어질 때는 예약이 취소되는 경우도 있으니까 늦어질 것 같으면 미리 호텔에 전화해서 도착시간을 알려두는 것이 좋아요. 해외여행을 하다 보면 비행기 연착이니 뭐니 해서 시간을 맞추지 못하는 경우가 많이 발생하니까요. 체크인할 때는 방의 형태, 설비, 요금, 체재 예정 등을 꼭 확인하세요.

체크인하고 싶은데요.

I'd like to check in.

아이드 라익 투 체킨

성함을 말씀해 주시겠어요?

May I have your name?

메아이 햅 유얼 네임

이 숙박 카드에 기입해 주십시오.

Please fill in the registration card.

플리즈 필 인 더 레쥐스트레이션 카드

죄송하지만, 손님은 예약이 안 되어 있습니다.

I'm afraid I can't find your reservation.

아임 어프레이드 아이 캔ㅌ 퐈인드 유얼 레저베이션

방 좀 보여 주실래요?

May I see the room?

메아이 씨 더 룸

방을 바꿔 주시겠어요?

Could you please change my room?

쿠쥬 플리즈 체인쥐 마이 룸

A: 예약을 하셨습니까?

B: 네, '김'이라는 이름으로 예약을 했는데요.

예약을 안 했을 때 체크인

A: **Do you have a reservation?**

두 유 해버 레저베이션

예약은 하셨습니까?

B: **No, I don't, but do you have a room for tonight?**

노, 아이 돈ㅌ, 벗 두 유 해버 룸 풔 투나잇

안 했는데, 오늘 밤 방이 있나요?

관광시즌이 아니거나 유명관광지가 아니라면 현지에서 방을 구하는 것은 그리 어렵지 않지만, 시즌 중에 미리 호텔을 예약해 두지 못했거나 늦게 도착해서 예약을 취소당했을 경우에는 비어있는 방이 있는지부터 물어봐야겠죠? Do you have any vacancies?(빈 방 있어요?) 다음엔 가격이 중요하죠! I was looking for something a little cheaper.(좀 더 싼 방을 원해요)

Basic Expression

예약을 안 했는데요.

I don't have a reservation.

아이 돈ㅌ 해버 레저베이션

죄송합니다만, 지금은 방이 다 찼습니다.

I'm afraid we're all filled up now.

아임 어프레이드 위아 올 필드 업 나우

어떤 방을 원하십니까?

What kind of room would you like?

왓 카인드 옵 룸 우쥬 라익

싱글 룸으로 드릴까요, 더블 룸으로 드릴까요?

A single room, or a double room?

어 싱글 룸, 오어러 더블 룸

전망이 좋은 방으로 주세요.

I need a room commanding a good view.

아이 니드 어 룸 컴맨딩 어 굿 뷰

다른 호텔을 알아봐 주시겠어요?

Would you refer me to another hotel?

우쥬 리풔 미 투 어나더 호텔

A: 예약은 하셨습니까?

B: 안 했는데, 오늘 밤 방이 있나요?

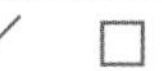

프런트에서

A: Can you change my room?

캔 유 체인쥐 마이 룸

방을 바꿔주시겠어요?

B: What's the problem?

왓츠 더 프라블럼

무슨 문제라도 있으십니까?

좋은 호텔에 머물면서도 짧은 영어 탓에 호텔 시설을 제대로 이용하지 못하는 경우가 많아요. 웬만한 건 다 프론트에서 해결하면 되니까 체크인에서 체크아웃까지 필요한 기본적인 표현들만 알아두면 크게 어렵지 않아요! 귀중품이나 현금이 들어있는 가방은 반드시 직접 들고 다니는 게 좋지만, 귀중품은 안전금고를 이용할 수 있어요.

이 가방을 한국에 보내려고 하는데요.

I'd like to send this bag to Korea.

아이드 라익 투 샌 디스 백 투 코리아

시내지도 한 장 주시겠어요?

Can I have a city map?

캔 아이 해버 시티 맵

이 호텔 주소가 적힌 카드를 주시겠어요?

Can I have a card with the hotel's address?

캔 아이 해버 카드 윗 더 호텔스 어드레스

여기서 관광버스 표를 살 수 있나요?

Can I get a ticket for the sightseeing bus here?

캔 아이 게러 티킷 풔 더 싸잇씽 버스 히얼

와이파이 비밀번호가 뭐예요?

What's the password for wi-fi?

왓츠 더 패스워드 풔 와이파이

이메일을 체크하고 싶은데요.

I want to check my e-mail.

아이 원투 첵 마이 이메일

A: 방을 바꿔주시겠어요?

B: 무슨 문제라도 있으십니까?

□ □ □

룸서비스

A: Would you bring me boiling water?

우쥬 브링 미 보일링 워러

뜨거운 물 좀 갖다 주시겠어요?

B: Your name and room number, please.

유얼 네임 앤 룸 넘버, 플리즈

이름과 방 번호를 말씀해 주십시오.

호텔 룸으로 음식과 음료를 가져다주는 서비스를 room service라고 해요. 룸서비스를 이용하기 위한 표현은 간단해요. 전화를 걸어서 먼저 방 번호를 말하고 주문을 하면 됩니다. Hi, this is Jun in room 808.(안녕하세요. 808호의 준이에요) / I'd like to order a steak.(스테이크 하나 주문할게요) / When is my food coming?(음식은 언제 오나요?)

Basic Expression

룸서비스 좀 부탁할게요.

Room service, please.

룸 서비스, 플리즈

룸서비스입니다. 무엇을 도와드릴까요?

Room service. Can I help you?

룸 서비스. 캔 아이 핼프 유

지금 아침식사를 주문할 수 있나요?

Can I order breakfast now?

캔 아이 오더 브랙퍼슷 나우

방 청소를 부탁할게요.

Please make up this room, please.

플리즈 메이컵 디스 룸, 플리즈

모닝콜을 어떻게 하나요?

How can I get a wake-up call?

하우 캔 아이 게러 웨이컵 콜

룸서비스가 아직 안 왔는데요.

Room service hasn't come yet.

룸 서비스 해즌ㅌ 컴 옛

□ □ □

A: 뜨거운 물 좀 갖다 주시겠어요?

B: 이름과 방 번호를 말씀해 주십시오.

호텔 시설을 이용할 때

A: What kind of facilities are there in the hotel?

왓 카인드 옵 퍼시러티즈 알 데얼 인 더 호텔

호텔에는 어떤 시설이 있나요?

B: Everything you could possibly want.

애브리씽 유 쿠드 파써블리 원ㅌ

거의 모두 다 있습니다.

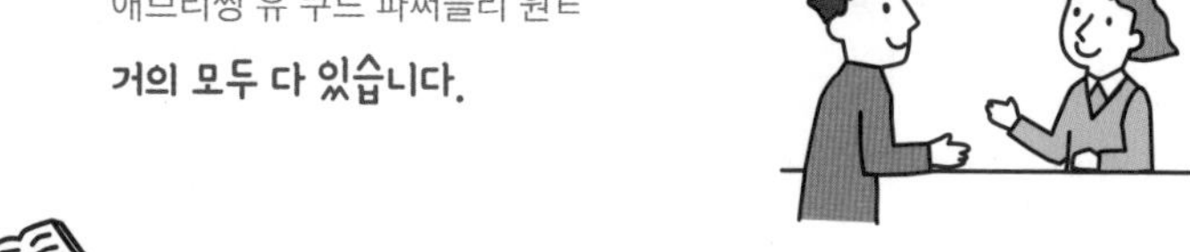

Check Point!

호텔 안의 시설이나 서비스 내용은 체크인할 때 확인할 수 있으니 What amenities does the hotel have?(호텔 안에 어떤 시설이 있나요?)라고 물어보세요. 무료로 이용할 수 있는 것도 꽤 많아요. 예약이나 트러블, 문의 사항은 대부분 프런트 데스크에 부탁하면 해결을 해주지만, 클리닝, 룸서비스 등의 내선번호는 방에 준비되어 있는 안내서에 적혀 있어요.

Basic Expression

식당은 어디에 있나요?

Where is the dining room?

웨어리즈 더 다이닝 룸

아침식사는 몇 시에 하죠?

What time can I have breakfast?

왓 타임 캔 아이 햅 브랙퍼슷

커피숍은 어디에 있나요?

Where's the coffee shop?

웨어즈 더 커피 샵

세탁 좀 부탁할게요.

Laundry service, please.

런드리 서비스, 플리즈

호텔 안에 이발소가 있나요?

Is there a beauty barbershop in this hotel?

이즈 데어러 뷰티 바버샵 인 디스 호텔

계산은 제 방으로 해 주세요.

Will you charge it to my room?

윌 유 차쥐 잇 투 마이 룸

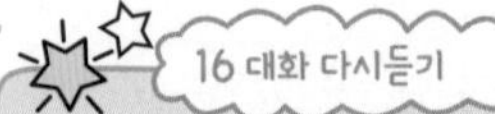

A: 호텔에는 어떤 시설이 있나요?

B: 거의 모두 다 있습니다.

외출할 때

A: **Will you keep my room key?**

월 유 킵 마이 룸 키

열쇠 좀 보관해 주시겠어요?

B: **We can do that for you.**

위 캔 두 댓 풔 유

알겠습니다.

단체로 여행을 간 경우 또는 여행사의 단체관광여행을 간 경우에는 외출할 때 반드시 인솔자나 현지 안내원에게 행선지와 연락처를 남겨야 해요. 호텔의 이름과 주소가 적혀 있는 호텔카드나 명함을 꼭 챙기고 목적지까지 노선을 미리 확인해두면 낯선 곳에서 길 찾느라 어리버리 헤매는 시간을 줄일 수 있어요.

Basic Expression

열쇠 좀 맡아 주시겠어요?

Will you keep my room key?

윌 유 킵 마이 룸 키

귀중품을 보관하고 싶은데요.

I want you to take my valuables.

아이 원츄 투 테익 마이 밸류어블즈

저한테 메시지는 없나요?

Do you have any messages for me?

두 유 햅 애니 메시쥐스 풔 미

저에게 온 전화는 있었나요?

Has anybody called me?

해즈 애니바디 콜드 미

맡긴 짐을 주시겠어요?

May I have my baggage back?

메아이 햅 마이 배기쥐 백

열쇠를 주시겠어요?

Can I have my key?

캔 아이 햅 마이 키

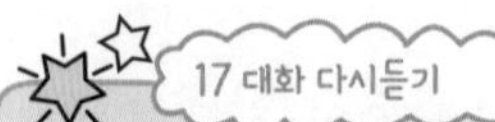

□ □ □

A: 열쇠 좀 보관해 주시겠어요?

B: 알겠습니다.

학습일 / ☐

호텔에서의 트러블

A: Could you send someone up to my room?

쿠쥬 샌드 썸원 업 투 마이 룸

잠깐 제 방으로 와 주시겠어요?

B: Sure, what's the problem.

슈얼, 왓츠 더 프라블럼

네, 무슨 일이십니까?

호텔 방이라고 다 완벽한 건 아니죠. 필수품이 제대로 갖춰져 있지 않거나 필요한 것이 있을 때 쓸 수 있는 표현을 익혀두고 상황에 따라 응용하세요. I can't get Wifi.(와이파이가 안 잡혀요) / May I have the heating in my room turned down?(히터 좀 낮춰주시겠어요?) / Could I have some extra towels?(수건 몇 장 더 갖다 주시겠어요?)

Basic Expression

뜨거운 물이 안 나오는데요.

There's no hot water.

데어즈 노 핫 워러

화장실 변기가 막혔어요.

The toilet doesn't flush.

더 토일릿 더즌ㅌ 플러쉬

옆방이 너무 시끄러워요.

The next room's very noisy.

더 넥슷 룸즈 베리 노이지

방이 아직 청소가 안 되어 있는데요.

My room hasn't been cleaned yet.

마이 룸 해즌ㅌ 빈 클린드 옛

방에 타월이 부족해요.

I don't have enough towels in my room.

아이 돈ㅌ 햅 이넙 타월즈 인 마이 룸

텔레비전이 고장났어요.

The TV is out of order.

더 티비 이즈 아우롭 오더

A: 잠깐 제 방으로 와 주시겠어요?

B: 네, 무슨 일이십니까?

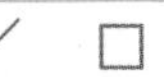

체크아웃을 준비할 때

A: What's the check-out time?

왓츠 더 첵카웃 타임

체크아웃 시간은 몇 시죠?

B: It's noon.

잇츠 눈

12시입니다.

여행을 마치고 호텔을 떠날 때 체크아웃을 해야 해요. 아침 일찍 호텔을 떠날 예정이라면 전날 밤에 짐을 꾸려 놓고, 다음날 아침 시간에 맞춰 짐을 가지러 오도록 미리 벨캡틴에게 부탁해두는 게 좋아요. 택시를 부르거나 공항버스 시각을 알아두고 체크아웃 예약도 전날 밤 해두면 편하게 출발할 수 있죠. 방을 나서기 전에 놓고 가는 물건이 없는지 꼼꼼히 확인하세요.

체크아웃 시간은 몇 시죠?

When is Check out time?

웬 이즈 체카웃 타임

몇 시에 떠나실 겁니까?

What time are you leaving?

왓 타임 알 유 리빙

1박을 더 하고 싶은데요.

I'd like to stay one more night.

아이드 라익 투 스테이 원 모어 나잇

하루 일찍 떠나고 싶은데요.

I'd like to leave one day earlier.

아이드 라익 투 리브 원 데이 얼리어

오후까지 방을 쓸 수 있나요?

May I use the room till this afternoon?

메아이 유즈 더 룸 틸 디스 앱터눈

오전 10시에 택시를 불러 주세요.

Please call a taxi for me at 10 a.m.

플리즈 콜 어 택시 풔 미 앳 텐 에이엠

A: 체크아웃 시간은 몇 시죠?

B: 12시입니다.

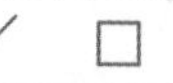

체크아웃

A: **I'd like to check out now.**

아이드 라익 투 체카웃 나우

지금 체크아웃을 하고 싶은데요.

B: **What's your room number?**

왓츠 유얼 룸 넘버

몇 호실입니까?

유종의 미를 거두는 의미에서 체크아웃까지 잘 마쳐야겠죠? I'd like to check out.(체크아웃 할게요) 혹시 하룻밤 연장하고 싶다면 Can I stay another night?(하룻밤 더 묵을 수 있나요?)라고 하고, 늦게까지 좀 더 돌아다닐 예정이라면 Could you keep my luggage until 8:00 pm?(저녁 8시까지 짐을 맡길 수 있을까요?)라고 부탁해요.

Basic Expression

체크아웃 해 주세요.

Check out, please.

체카웃, 플리즈

맡긴 귀중품을 꺼내 주시겠어요?

I'd like my valuables from the safe.

아이드 라익 마이 밸류어블즈 프럼 더 세입

방에 물건을 두고 나왔어요.

I left something in my room.

아이 랩트 썸씽 인 마이 룸

계산서를 주시겠어요?

I'd like to take care of my bill.

아이드 라익 투 테익 케어롭 마이 빌

봉사료가 포함된 가격인가요?

Does the price include the service charge?

더즈 더 프라이스 인클루드 더 서비스 차쥐

영수증을 주시겠어요?

Can I have a receipt?

캔 아이 해버 리싯

A: 지금 체크아웃을 하고 싶은데요.

B: 몇 호실입니까?

식당을 찾을 때

A: Could you recommend a good restaurant?

쿠쥬 리커멘드 어 굿 레스터런

괜찮은 식당 있으면 추천 좀 해주세요.

B: The one around the corner is excellent.

더 원 어롸운 더 코너 이즈 엑셀런트

모퉁이에 좋은 가게가 하나 있습니다.

여행을 떠나기 전에 맛있는 식당을 미리 검색해두면 뭘 먹을까, 어떤 식당에서 먹을까 고민하는 시간도 줄일 수 있고, 검색해 둔 맛집을 찾아다니는 재미도 누릴 수 있어요. 여행의 또 다른 묘미가 되는 거죠. 그러지 못했을 때는 그곳에 사는 사람들에게 물어보는 게 가장 안전해요. 가이드북에 소개된 식당 중에는 가끔 실망스러운 경우가 있거든요.

Basic Expression

괜찮은 레스토랑 좀 알려 주시겠어요?

Could you tell me a good restaurant?

쿠쥬 텔 미 어 굿 레스터런

이 근처에 괜찮은 레스토랑이 있어요?

Is there a good restaurant around here?

이즈 데어러 굿 레스터런 어롸운 히얼

레스토랑이 많은 곳은 어디죠?

Where is the main area for restaurants?

웨어리즈 더 메인 에어리어 풔 레스터런츠

한식당은 있나요?

Do you have a Korean restaurant?

두 유 해버 코리언 레스터런

지금 문을 연 레스토랑은 있나요?

Do you know of any restaurants open now?

두 유 노우 옵 애니 레스터런츠 오픈 나우

이곳 로컬푸드를 먹고 싶은데요.

I'd like to have some local food.

아이드 라익 투 햅 썸 로컬 풋

A: 괜찮은 식당 있으면 추천 좀 해주세요.

B: 모퉁이에 좋은 가게가 하나 있습니다.

☐ ☐ ☐

식당 예약

A: I'd like to reserve a table for three.

아이드 라익 투 레저버 테이블 풔 쓰리

3인용(테이블)을 예약하고 싶은데요.

B: May I have your name, please?

메아이 햅 유얼 네임, 플리즈

성함을 말씀해 주시겠어요?

식당에 가기 전에 예약을 해두는 게 여러모로 편해요. 맛집이라고 무작정 찾아갔는데 예약이 꽉 차서 자리가 없으면 완전 낭패니까요. 전화를 걸어서 Do I need a reservation?(예약을 해야 해요?)라고 물어보고 I'd like to make a reservation for 2 people at 6pm this evening.(오늘 저녁 6시에 두 사람 예약할게요) 등으로 예약해야 해요.

예약을 해야 하나요?

Do I need a reservation?

두 아이 니드 어 레저베이션

예약 좀 해주시겠어요?

Could you make a reservation for me?

쿠쥬 메이커 레저베이션 풔 미

일행은 몇 분이십니까?

How large is your party?

하우 라쥐 이즈 유얼 파티

창가 테이블로 주세요.

I'd like a table by the window.

아이드 라이커 테이블 바이 더 윈도우

몇 시까지 영업을 하죠?

How late is it open?

하우 레잇 이짓 오픈

거기는 어떻게 가죠?

How can I get there?

하우 캔 아이 겟 데얼

A: 3인용(테이블)을 예약하고 싶은데요.

B: 성함을 말씀해 주시겠어요?

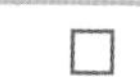

자리에 앉을 때까지

A: **We need a table for two.**

위 니드 어 테이블 풔 투

2인용 테이블로 해 주세요.

B: **Please wait to be seated.**

플리즈 웨잇 투 비 씨티드

안내해 드릴 때까지 기다려 주십시오.

식당에 가면 빈자리가 있어도 그냥 가서 앉으면 안 돼요. 웨이터가 올 때가지 기다렸다가 예약을 확인하고 We have a reservation under the name of Junho Kim.(김준호 이름으로 예약했어요) 웨이터가 안내해주는 자리에 가서 앉아야 하죠. under the name of는 '~의 이름으로'라는 뜻을 가진 숙어예요. 예약을 확인할 때 유용하게 쓸 수 있는 표현이죠.

Basic Expression

예약을 했는데요.

I have a reservation.

아이 해버 레저베이션

자리 있어요?

Can we have a table?

캔 위 해버 테이블

몇 분이십니까?

How many of you, sir?

하우 메니 옵 유, 써ㄹ

지금 자리가 다 찼습니다.

No tables are available now.

노 테이블즈 알 어베이러블 나우

어느 정도 기다려야 하죠?

How long do we have to wait?

하우 롱 두 위 햅 투 웨잇

저쪽으로 옮길 수 있을까요?

Could we move over there?

쿠드 위 무브 오버 데얼

□ □ □

A: 2인용 테이블로 해 주세요.

B: 안내해 드릴 때까지 기다려 주십시오.

식사주문

Mini Talk

A: Can I see the menu, please?
캔 아이 더 메뉴, 플리즈
메뉴 좀 볼 수 있을까요?

B: Here's our menu, sir.
히어즈 아워 메뉴, 써ㄹ
메뉴 여기 있습니다, 손님.

Check Point!

외국 식당에서 영어로 식사를 주문하려면 특정 단어와 표현들을 알아야 하고 주문할 때도 예의를 갖추는 것이 중요해요. 대부분의 영어 원어민들은 주문하기 전에 반드시 먼저 인사를 하고 음식을 주문할 때도 I want ~.(~주세요)라고 하지 않고 Can I get ~(~를 주문할 수 있을까요?)라고 해요. 달라고 요구하는 게 아니라 줄 수 있느냐고 물어보는 거죠.

Basic Expression

주문할게요.

We are ready to order.

위 알 레디 투 오더

주문하시겠습니까?

Are you ready to order?

알 유 레디 투 오더

이것으로 주세요.

I'll take this one.

아일 테익 디스 원

저도 같은 것으로 주세요.

I'll have the same.

아일 햅 더 쎄임

뭐가 빨리 되죠?

What can you serve quickly?

왓 캔 유 썹 퀵클리

다른 주문은 없으십니까?

Anything else?

애니씽 엘스

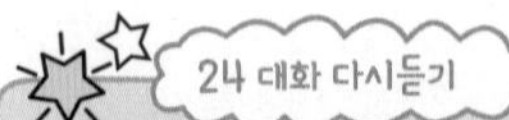

□ □ □

A: 메뉴 좀 볼 수 있을까요?

B: 메뉴 여기 있습니다, 손님.

식당에서의 트러블

A: **This soup tastes funny.**

디스 숩 테이슷츠 퍼니

수프 맛이 이상한데요.

B: **Would you like another one?**

우쥬 라익 어나더 원

다른 것으로 드릴까요?

여행지에서 모처럼 현지 음식을 즐기려는데 뜻하지 않게 안 좋은 일이 일어나기도 해요. 음식이 잘못 된 경우도 있고 나보다 늦게 온 사람들 음식은 다 나오는데 내가 주문한 음식만 안 나올 때도 있죠. 그럴 때 필요한 영어 표현도 몇 가지는 알아두자고요. When is my food coming?(음식은 언제 오나요?) / This soup tastes funny.(수프 맛이 이상해요)

Basic Expression

요리가 아직 안 나오는데요.

We're still waiting for our food.

위아 스틸 웨이팅 풔 아워 풋

이건 주문을 안 했는데요.

I didn't order this.

아이 디든ㅌ 오더 디스

주문을 바꿔도 될까요?

Can I change my order?

캔 아이 체인쥐 마이 오더

주문을 취소하고 싶은데요.

I want to cancel my order.

아 원투 캔슬 마이 오더

음식에 이상한 것이 들어 있어요.

There is something strange in my food.

데어리즈 썸씽 스트레인쥐 인 마이 풋

이 음식이 상한 것 같은데요.

I'm afraid this food is stale.

아임 어프레잇 디스 풋 이즈 스테일

A: 수프 맛이 이상한데요.

B: 다른 것으로 드릴까요?

학습일 / ☐

식사를 하면서

A: Excuse me, Waiter?

익스큐즈 미, 웨이러

저기요?

B: Yes. Can I help you?

예스. 캔 아이 핼프 유

예, 뭘 도와드릴까요?

Manners make man.(매너가 사람을 만든다)는 말이 있죠. 식당에서 지켜야 할 매너는 첫째, Turn off your cell phone.(핸드폰은 꺼두세요) 둘째, Don't talk too loud.(시끄럽게 이야기하지 마세요) 셋째, Don't speak with your mouth full.(입에 음식을 넣은 채로 말하지 마세요) 넷째, Avoid grooming at the dining table.(식탁에서 몸단장하는 것은 피해주세요)

먹는 법을 알려 주시겠어요?

Could you tell me how to eat this?

쿠쥬 텔 미 하우 투 잇 디스

테이블 좀 치워 주실래요?

Could you please clear the table?

쿠쥬 플리즈 클리어 더 테이블

물 좀 더 주시겠어요?

May I have more water?

메아이 햅 모어 워러

빵 좀 더 주세요.

I'd like some more bread, please.

아이드 라익 썸 모어 브레드, 플리즈

소금 좀 건네주세요.

Pass me the salt, please.

패쓰 미 더 솔트, 플리즈

이 음식을 싸 주시겠어요?

Would you wrap this for me?

우쥬 랩 디스 풔 미

26 대화 다시듣기

☐ ☐ ☐

A: 저기요?

B: 예, 뭘 도와드릴까요?

학습일 / ☐

음식 맛의 표현

A: **How does it taste?**

하우 더짓 테이슷

맛이 어떻습니까?

B: **It's very good.**

잇츠 베리 굿

아주 맛있는데요.

외국에 가서 다양한 현지 음식을 맛보고 그 맛을 구체적으로 표현할 수 있다면 얼마나 좋을까요! The apple pie is warm and crunchy.(사과 파이가 따뜻하고 바삭바삭해)라고 말하지 못해도 단어만으로도 충분해요. sweet(달콤한), salty(짠), sour(신, 떫은), bland(싱거운), greasy(느끼한), light(담백한), hot(매운), fishy(비린), tangy(톡 쏘는), crispy(바삭바삭한)

Basic Expression

맛이 어때요?

How does it taste?

하우 더짓 테이슷

정말 맛있어요!

It's very delicious!

잇츠 베리 딜리셔스

생각보다 맛있군요.

It's better than I expected.

잇츠 베러 댄 아이 익스펙티드

이건 제 입맛에 안 맞아요.

This food doesn't suit my taste.

디스 풋 더즌ㅌ 슈잇 마이 테이슷

먹음직스러워 보이네요.

That sounds appetizing.

댓 사운즈 애피타이징

맛있는 냄새가 나는데요.

That smells delicious.

댓 스멜즈 딜리셔스

□ □ □

A: 맛이 어떻습니까?

B: 아주 맛있는데요.

식당에서의 계산

A: **Did you enjoy your lunch?**
디쥬 인조이 유얼 런치
점심 식사 맛있게 드셨어요?

B: **I enjoyed it very much.**
아이 인조이드 잇 베리 머취
아주 맛있게 먹었습니다.

식사가 다 끝나면 손을 들어서 Excuse me!라고 웨이터나 웨이트리스를 불러 계산서(bill)를 가져다 달라고(Check(Bill), please.) 부탁해요. 계산서에 세금과 봉사료가 포함되어 있는 경우에는 팁을 따로 줄 필요 없습니다. 그러나 봉사료가 포함되어 있지 않는 경우에는 계산서의 15~20% 정도의 팁을 따로 테이블에 놓아두어야 해요.

계산서 좀 갖다 주시겠어요?

May I have the check, please?

매아이 햅 더 첵, 플리즈

어디서 계산하나요?

Where shall I pay the bill?

웨얼 쉘 아이 페이 더 빌

봉사료는 포함되어 있나요?

Is it including the service charge?

이즈 잇 인클루딩 더 써비스 차쥐

제가 낼게요.

I want to treat you.

아이 원투 트릿 유

각자 내기로 하죠.

Let's go Dutch.

렛츠 고 더취

이건 당신께 드리는 팁입니다.

This is a tip for you.

디시즈 어 팁 풔 유

A: 점심 식사 맛있게 드셨어요?

B: 아주 맛있게 먹었습니다.

음료와 술을 마실 때

A: **This coffee was delicious.**

디스 커피 워즈 딜리셔스

이 커피 맛있네요.

B: **How about seconds?**

하우 어바웃 세컨즈

한 잔 더 할래요?

북미에서 liquor는 보통의 주류(alcoholic beverages)를 가리키고, Alcohol은 맥주(beer), 와인(wine), 화주(스피릿, spirits)의 주성분이기도 하고, 병원에서 소독용으로 사용하는 알코올이기도 해서 술과 관련해서는 Alcohol이라는 단어를 잘 사용하지 않아요. 맥주(beer)는 brew, brewsky, a cold one이라고도 해요. Would you like a brew?(맥주 좋아하세요?)

Basic Expression

커피 한 잔 어때요?

How about a cup of coffee?

하우 어바웃 어 커펍 커피

커피 한 잔 주세요.

A cup of coffee, please.

어 커펍 커피, 플리즈

술 한 잔 어때요?

How about a drink?

하우 어바웃 어 드링

맥주 한 잔 드실래요?

Would you like a beer?

우쥬 라익 어 비얼

건배!

Cheers!

치얼즈

나는 그렇게 술을 많이 마시는 사람은 아니에요.

I'm not such a big drinker.

아임 낫 서취 어 빅 드링커

□ □ □

A: 이 커피 맛있네요.

B: 한 잔 더 할래요?

패스트푸드점에서

A: **For here or to go?**

퍼 히얼 오어 투 고

여기서 드실 겁니까, 가지고 가실 겁니까?

B: **To go, please.**

투 고, 플리즈

가지고 갈 겁니다.

패스트푸드점이나 카페테리아는 레스토랑보다 훨씬 가볍게 이용할 수 있어서 시간에 쫓기는 사람들에게는 간단하게 배를 채울 수 있어서 딱 좋죠. 시간이 많아도 그 자리에서 만들어 주는 샌드위치나 핫도그, 포테이토칩 등을 좋아해서 굳이 찾아가서 먹는 사람도 있지만요. 거기서 먹을 때는 I'll eat here.라고 하고, 포장해 달라고 할 때는 To go, please.라고 하면 됩니다.

햄버거 두 개 주세요.

Can I have two hamburgers?

캔 아이 햅 투 햄버걸스

프렌치 프라이 큰 거 하나 주세요.

One large french fries, please.

원 라쥐 프랜취 프라이스, 플리즈

핫도그하고 콜라 작은 걸로 주세요.

A hot dog and a small coke, please.

어 핫 독 앤 어 스몰 콕, 플리즈

케첩을 발라드릴까요, 마요네즈를 발라드릴까요?

With ketchup or mayonnaise?

위드 케첩 오어 메이어네이즈

(요리를 가리키며) 이걸 샌드위치에 넣어 주세요.

Put this in the sandwich, please.

풋 디스 인 더 샌드위치, 플리즈

치즈피자 세 조각 주세요.

Three slices of cheese pizza, please.

쓰리 슬라이시즈 옵 치즈 피자, 플리즈

☐ ☐ ☐

A: 여기서 드실 겁니까, 가지고 가실 겁니까?

B: 가지고 갈 겁니다.

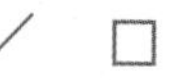

길을 묻거나 알려줄 때

A: **Could you tell me the way to the subway station?**

쿠쥬 텔 미 더 웨이 투 더 썹웨이 스테이션

지하철역으로 가는 길을 가르쳐 주시겠어요?

B: **Go along this street.**

고 어롱 디스 스트릿

이 길을 따라 가세요.

외국에서 길을 물을 때는 가능하면 경찰이나 관광안내소에 가서 물어보는 게 좋아요. 세상 모든 나라가 우리나라처럼 치안상태가 좋은 건 아니니까요. 급하게 걸어가는 사람보다는 천천히 걷는 사람에게 묻는 것이 좋지만, 지나치게 친절한 사람은 좀 경계해야 해요. 말을 걸 때는 Excuse me.(실례합니다)로 시작하고 Thank you.(감사합니다)라고 인사하는 거 잊지 마세요.

실례합니다.

Excuse me.

익스큐즈 미

여기가 어디예요?

Where am I?

웨어램 아이

가장 가까운 지하철역이 어디 있어요?

Where is the nearest subway station?

웨어리즈 더 니어리숫 썹웨이 스테이션

약도를 좀 그려주시겠어요?

Could you draw me a map?

쿠쥬 드로우 미 어 맵

저도 여기는 처음이에요

I'm a stranger here myself.

아임 어 스트레인저 히얼 마이셀프

버스를 타세요.

Take the bus.

테익 더 버스

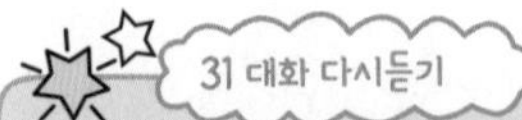

A: 지하철역으로 가는 길을 가르쳐 주시겠어요?

B: 이 길을 따라 가세요.

택시를 탈 때

A: **Where to, sir?**

웨얼 투, 써ㄹ

어디로 모실까요?

B: **To Seoul station, please.**

투 서울 스테이션, 플리즈

서울역으로 가주세요.

Check Point!

시간에 맞춰가야 하는데 늦었거나 길을 영 모르겠을 때는 택시를 이용하는 게 여러 모로 편리해요. 영어가 서툴러도 목적지의 주소나 이름(무슨 백화점 등으로)을 적어서 택시기사에게 주면 됩니다. 사람이 많을 때나 큰 짐이 있을 때는 추가요금을 받는 경우도 있으니 미리 요금 협상을 해두는 게 좋아요. 내릴 때는 요금의 15% 정도를 팁으로 더 줘야 해요.

Basic Expression

택시를 불러 주시겠어요?

Could you call me a taxi?

쿠쥬 콜 미 어 택시

공항으로 가주세요.

Please take me to the airport.

플리즈 테익 미 투 디 에어폿

얼마나 걸리죠?

How long does it take?

하우 롱 더짓 테익

다음 모퉁이에서 왼쪽으로 도세요.

Turn left at the next corner.

턴 랩트 앳 더 넥슷 코너

여기서 세워주세요.

Stop here, please.

스탑 히얼, 플리즈

요금이 얼마죠?

What's the fare?

왓츠 더 페어

□ □ □

A: 어디로 모실까요?

B: 서울역으로 가주세요.

버스를 탈 때

A: Where's the bus stop?

웨어즈 더 버스 스탑

버스 정류장이 어디죠?

B: It's just across the street.

잇츠 저슷 어크로스 더 스트릿

바로 길 건너편이에요.

시내를 관광할 때는 시내버스를 이용하는 것이 값도 싸고 편리해요. 특별히 시내투어를 하는 버스도 있고요. 관광안내소 등에서 노선도를 받아두면 이동할 때마다 유용하게 쓸 수 있어요. 미국에서는 요금을 직접 요금함에 넣는 경우가 대부분이고, 거스름돈을 받을 수 없으니까 동전을 미리 준비해야 해요. 런던의 유명한 2층버스는 뒷문으로 타고 차장에게 요금을 냅니다.

Basic Expression

이 버스 공항에 갑니까?

Does this bus go to the airport?

더즈 디스 버스 고 투 디 에어포트

다음 정거장은 어디예요?

What's the next stop?

왓츠 더 넥슷 스탑

버스를 잘못 탔어요.

I took the wrong bus.

아이 툭 더 렁 버스

내릴 곳을 놓쳤어요.

I missed my stop.

아이 미스트 마이 스탑

뉴욕행 버스는 얼마나 자주 운행되나요?

How often do the buses run to New York?

하우 오픈 두 더 버시즈 런 투 뉴욕

이 버스는 타임스퀘어에서 섭니까?

Does this bus stop at Time Square?

더즈 디스 버스 스탑 앳 타임 스퀘어

☐ ☐ ☐

A: 버스 정류장이 어디죠?

B: 바로 길 건너편이에요.

지하철을 탈 때

A: **Can I have a subway map?**

캔 아이 해버 썹웨이 맵

지하철 노선도를 얻을 수 있을까요?

B: **Yes, it's over there.**

예스, 잇츠 오버 데얼

네, 저기 있습니다.

지하철은 미국에서는 subway, 런던에서는 underground 또는 tube라고 불러요. 요즘은 웬만한 나라에는 다 지하철이 발달해 있어서 버스보다 훨씬 수월하게 이용할 수 있죠. 교통체증도 없고 값도 싸고 노선도만 갖고 있으면 원하는 곳 어디로든 큰 불편 없이 찾아갈 수 있어요. 관광안내소 등에서 노선도를 꼭 받아서 탈 때마다 노선, 환승역, 하차역을 미리 확인해요.

지하철 노선도를 얻을 수 있을까요?

Can I have a subway map?

캔 아이 해버 썹웨이 맵

이 근처에 지하철역이 있습니까?

Is the subway station near here?

이즈 더 썹웨이 스테이션 니어 히얼

표는 어디서 살 수 있습니까?

Where can I buy a ticket?

웨어 캔 아이 바이 어 티킷

어느 선이 센트럴 파크로 갑니까?

Which line goes to Central Park?

위치 라인 고우즈 투 센츄럴 팍

맨하탄에 가려면 어디서 갈아탑니까?

Where do I have to change for Manhattan?

웨얼 두 아이 햅 투 췌인지 풔 맨해튼

공항까지 정거장이 몇 개 있어요?

How many stops is it to the Airport?

하우 매니 스탑스 이짓 투 디 에어폿

A: 지하철 노선도를 얻을 수 있을까요?

B: 네, 저기 있습니다.

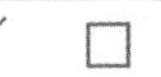

열차를 탈 때

A: Which platform is for Busan?

위치 플랫폼 이즈 풔 부산

부산으로 가려면 어느 플랫폼으로 가야 해요?

B: Platform 2.

플랫폼 투

2번 플랫폼요.

미국, 캐나다, 호주, 특히 유럽 등지에서는 열차여행이 아주 유명해요. 아름다운 관광지를 따라 며칠씩 열차를 타고 가는 여행상품으로 특화되어 있는 경우도 많고요. 장거리 여행을 할 때는 버스를 이용하는 것이 불편하기도 하고 요금도 무척 비싸기 때문에 열차를 이용하는 게 여러 모로 좋아요. 편안하게 경치를 즐기면서 여행하기에는 정말 딱이죠.

매표소가 어디 있어요?

Where is the ticket office?

웨어리즈 더 티킷 오퓌스

이 열차가 시카고 행 열차예요?

Is this going to Chicago?

이즈 디스 고잉 투 시카고

열차가 얼마나 자주 옵니까?

How often does the train come?

하우 오픈 더즈 더 트레인 컴

이 열차 그 역에서 정차합니까?

Does this train stop at the station?

더즈 디스 트레인 스탑 앳 더 스테이션

별도의 요금을 내야 합니까?

Do I have to pay an extra charge?

두 아이 햅 투 페이 언 엑스트라 차쥐

식당칸은 있습니까?

Does the train have a dining car?

더즈 더 트레인 해버 다이닝 카ㄹ

A: 부산으로 가려면 어느 플랫폼으로 가야 해요?

B: 2번 플랫폼요.

☐ ☐ ☐

비행기를 탈 때

A: Can I see your ticket, please?

캔 아이 씨 유얼 티킷, 플리즈

탑승권을 보여 주시겠어요?

B: Yes, here it is.

예스, 히얼 이리즈

네, 여기 있습니다.

비행기 예약은 적어도 출발하기 72시간 전에는 반드시 재확인해야 해요. 누구라도 비행기는 당연히 예약을 해두죠. 한 달 전에 했든 일주일 전에 했든 아무튼 비행기 예약은 무조건 출발하기 전에 항공사에 다시 확인해야 해요. 그런 걸 reconfirm이라고 하죠. 왠지는 몰라도 비행기 예약이 자동으로 취소되거나 예약이 제대로 되어 있지 않은 경우가 꽤 있거든요.

탑승 수속은 언제 하죠?

When should I check in?

웬 슈다이 체킨

창문 옆 좌석을 주세요.

Please give me a window seat.

플리즈 깁 미 어 윈도우 씻

출발 시간이 언제죠?

When does this airplane take off?

웬 더즈 디스 에어플레인 테이컵

비행기를 타러 어디로 가죠?

Where is the gate for this flight?

웨어리즈 더 게잇 풔 디스 플라잇

이건 가지고 들어갈 수 있어요?

Can I carry this with me?

캔 아이 캐리 디스 윗 미

제 자리는 어디죠?

Where's my seat, please?

웨어즈 마이 씻, 플리즈

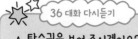

A: 탑승권을 보여 주시겠어요?

B: 네, 여기 있습니다.

렌터카

A: **What kind of car do you want?**

왓 카인드 옵 카ㄹ 두 유 원ㅌ

어떤 차를 원하세요?

B: **An automatic sedan, please.**

언 오토매틱 세단, 플리즈

오토 세단을 주세요.

요즘은 외국에 여행가서 버스 시간, 열차 시간 등에 구애받지 않고 자유롭게 다니려고 렌터카를 빌리는 사람들도 많아요. 외국에서 렌터카를 빌릴 때는 여권과 국제면허증이 필요해요. 당연한 것이지만 보험도 잊지 말고 꼭 들어야 하고요. 관광시즌에는 한국에서 출발하기 전에 미리 현지 렌터카 회사에 예약을 해두는 게 좋아요. 신청할 때는 대개 신용카드가 필요해요.

어디서 차를 빌리죠?

Where can I rent a car?

웨얼 캔 아이 렌터 카ㄹ

렌터카 영업소는 어디에 있죠?

Where's the rent-a-car firm?

웨얼즈 더 렌-터-카ㄹ 풤

차를 빌리고 싶은데요.

I'd like to rent a car.

아이드 라익 투 렌터 카ㄹ

요금표를 보여 주시겠어요?

May I see the rate list?

메아이 씨 더 레잇 리슷

3일간 차를 빌리고 싶은데요.

I want to rent a car for three days.

아 원투 렌터 카ㄹ 풔 쓰리 데이즈

소형차는 있어요?

Do you have economy cars?

두 유 햅 이커너미 카ㄹ즈

☐ ☐ ☐

A: 어떤 차를 원하세요?

B: 오토 세단을 주세요.

자동차를 운전할 때

A: **Why did you stop me?**

와이 디쥬 스탑 미

왜 저를 세우셨습니까?

B: **You exceeded the speed limit.**

유 엑씨딧 더 스핏 리밋

선생님께서는 제한속도를 위반하셨습니다.

차를 빌려서 여행할 생각이라면 미국이나 유럽에서는 운전에 대해 아주 엄격한 기준을 적용한다는 사실을 명심해야 해요. 미국에서는 스쿨버스에서 어린이들이 승하차하는 동안 뒷차는 무조건 기다려야 하고, 중앙분리대가 없는 도로라면 맞은편에서 오는 차들도 모두 서야 하죠. 주차금지 구역에 차를 세우면 바로 끌고 가버리고 바퀴를 잠가버리는 나라도 있거든요.

Basic Expression

주유소를 찾고 있는데요.

I'm looking for a gas station.

아임 룩킹 풔러 개스 스테이션

여기에 주차해도 될까요?

Can I park here?

캔 아이 팍 히얼

차가 시동이 안 걸려요.

This car doesn't work.

디스 카ㄹ 더즌ㅌ 웕

가득 넣어주세요.

Fill it up, please.

필 이럽, 플리즈

타이어가 펑크 났어요.

I had a flat tyre.

아이 해더 플랫 타이어

다음 휴게소까지 얼마나 멀어요?

How far is it to the next services?

하우 퐈 이짓 투 더 넥슷 서비시즈

A: 왜 저를 세우셨습니까?

B: 선생님께서는 제한속도를 위반하셨습니다.

□ □ □

교통사고가 났을 때

A: **There was a car accident.**
데얼 워즈 어 카ㄹ 액시던트
교통사고가 있었어요.

B: **When did it happen?**
웬 디딧 해픈
언제 사고가 일어났습니까?

교통사고는 traffic accident, car accident, car crash(자동차끼리 충돌한 경우)라고 해요. 사고가 일어나면 먼저 경찰, 보험회사, 렌터카 회사에 연락합니다. I'm sorry.는 그냥 미안하다는 정도가 아니라 자기의 잘못을 인정한다는 의미가 포함되어 있으므로 교통사고가 난 상황에서는 쓰지 않는 게 좋아요. 사고증명서를 반드시 받아두어야 보험 청구를 할 수 있어요.

오늘 아침에 교통사고를 당했어요.

I had a traffic accident this morning.

아이 해더 트래픽 액씨던트 디스 모닝

제 탓이 아니에요.

It wasn't my fault.

잇 워즌ㅌ 마이 풜트

그의 차가 내 차 옆면을 들이받았어요.

His car hit the side of my car.

히즈 카ㄹ 힛 더 사이드 옵 마이 카ㄹ

내 차가 조금 찌그러졌어요.

My car has some dents.

마이 카ㄹ 해즈 썸 덴츠

보험 처리가 될까요?

Will the insurance cover it?

윌 디 인슈어런스 커버릿

구급차를 불러 주세요.

Please call an ambulance!

플리즈 콜 언 앰뷸런스

A: 교통사고가 있었어요.

B: 언제 사고가 일어났습니까?

위급한 상황일 때

A: 911 emergency Services.

나인 원 원 이머전시 써비시즈

911 긴급구조대입니다.

B: Help me, I'm in the pit!

핼프 미, 아임 인 더 핏

도와주세요, 구덩이에 빠졌어요!

외국에서 사고가 나거나 일행 중 누가 심각하게 아프거나 하는 비상사태가 발생하면 훨씬 당황하게 되요. 먼저 전문적인 도움을 줄 수 있는 곳으로 전화를 걸어야 해요. 긴급상황 연락처는 항목별로 미리 알아 두세요. 주위에 사람이 없어도 Help! Ambulance (Police)!라고 큰소리로 외치세요. 여권을 잃어버렸거나 범죄나 재해를 만났을 땐 즉시 대사관에 연락하세요.

Basic Expression

무엇을 원하세요?

What do you want?

왓 두 유 원ㅌ

그만 두세요!

Stop it!

스타핏

잠깐! 뭘 하는 겁니까?

Hey! What are you doing?

헤이! 워라유 두잉

가까이 오지 마세요.!

Stay away from me!

스테이 어웨이 프럼 미

도와주세요!

Help me!

핼프 미

경찰 아저씨!

Police!

폴리스

□ □ □

A: 911 긴급구조대입니다.

B: 도와주세요, 구덩이에 빠졌어요!

관광안내소에서

A: Do you have any brochures on local attractions?

두 유 햅 애니 브로슈어즈 온 로컬 어트렉션스

지역 명소에 관한 안내책자 같은 거 있어요?

B: Sure, here it is.

슈얼, 히얼 이리즈

그럼요, 여기 있습니다.

관광의 첫걸음은 관광안내소에서 시작됩니다. 관광안내소에서는 시내 볼거리 소개부터 버스 정류장, 주변 관광지 교통안내, 지역별 명물·명산품, 숙박시설 안내, 관광상품 안내 등 관광에 필요한 여러 가지 서비스를 제공하고 있고 대개 영어가 가능한 직원이 항상 대기하고 있어요. 무료 시내지도, 대체로 지하철 노선도, 버스 노선도 등은 반드시 얻어두세요.

시내 투어는 있습니까?

Is there a city tour?

이즈 데어러 씨티 투어

무료 시내지도는 있나요?

Do you have a free city map?

두 유 해버 프리 씨티 맵

민박 목록은 있어요?

Do you have a list of B&Bs?

두 유 해버 리슷 옵 비앤비즈

꼭 구경해야 할 곳을 몇 군데 가르쳐 주세요.

Please tell me some of the places I should visit.

플리즈 텔 미 썸 옵 더 플레이스 아이 슈드 비짓

도시를 둘러보는 가장 좋은 방법은 뭐예요?

What's the best way of seeing around the city?

왓츠 더 베슷 웨이 옵 씨잉 어라운 더 씨리

관광객을 위한 안내책자는 있나요?

Do you have a tourist guide brochure?

두 유 해버 투어리슷 가이드 브로슈어

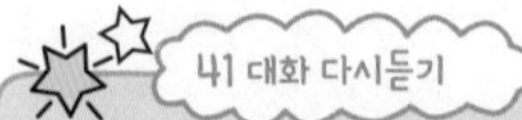

☐ ☐ ☐

A: 지역 명소에 관한 안내책자 같은 거 있어요?

B: 그럼요, 여기 있습니다.

관광버스와 투어에 참가할 때

A: **Where does it start?**

웨얼 더짓 스탓

어디서 출발하죠?

B: **It starts from the hotel.**

잇 스탓츠 프럼 더 호텔

호텔에서 출발합니다.

대부분의 도시에서는 시내관광 투어 코스를 운영해요. 그 도시에서 가장 인기 있는 관광지를 버스를 타고 돌아보는 상품이죠. 대부분 여러 나라의 언어로 오디오 가이드를 제공하니까 편한 언어를 선택해서 관광지 해설을 들으며 돌아볼 수 있어요. 운행시간, 노선, 버스 정류장을 미리 알아둬야 하고 무엇보다 따로 티켓이나 패스를 사야 하는지 알아봐야 해요.

Basic Expression

관광여행을 하고 싶은데요.

I'd like to take a sightseeing tour.

아이드 라익 투 테이커 싸잇씽 투어

관광버스 투어는 있나요?

Is there a sightseeing bus tour?

이즈 데어러 싸잇씽 버스 투어

어떤 종류의 투어가 있어요?

What kind of tours do you have?

왓 카인드 옵 투어즈 두 유 햅

하루 코스는 있나요?

Do you have a full-day tour?

두 유 해버 풀-데이 투어

야간 투어는 있나요?

Do you have a night tour?

두 유 해버 나잇 투어

개인당 비용은 얼마죠?

What's the rate per person?

왓츠 더 레잇 퍼 퍼슨

A: 어디서 출발하죠?

B: 호텔에서 출발합니다.

☐ ☐ ☐

관광지에서

A: **How long does this tour take?**

하우 롱 더즈 디스 투어 테익

이 코스를 여행하는 데 시간이 얼마나 걸려요?

B: **It'll take about 4 hours.**

잇일 테익 어바웃 풔 아워즈

대략 4시간 정도 걸릴 거예요.

어느 나라에 가든 유명한 미술관이나 박물관은 필수코스죠. 계획을 세우기 전에 먼저 휴관일을 알아보고, 요일에 따라서 개관을 연장하거나 입장료가 달라지는 곳도 있으니까 가이드북을 보고 미리 확인하세요. 교회나 성당 등 종교와 관련된 곳을 방문할 때는 옷차림에 신경을 써야 해요. 반바지나 슬리퍼, 노출이 심한 옷차림 등으로는 들어가지 못하는 곳도 있어요.

저게 뭐죠?

What is that?

와리즈 댓

저게 뭔지 아세요?

Do you know what that is?

두 유 노우 왓 댓 이즈

저기 있는 저 동상은 뭐죠?

What's that statue over there?

왓츠 댓 스태츄 오우버 데얼

이 건물은 왜 유명하죠?

What is this building famous for?

와리즈 디스 빌딩 풰이머스 풔

정말 아름다운 경치네요!

What a beautiful sight!

와러 뷰티플 싸잇

전망이 기가 막히네요!

What a fantastic view!

와러 팬태스틱 뷰

A: 이 코스를 여행하는 데 시간이 얼마나 걸려요?

B: 대략 4시간 정도 걸릴 거예요.

관람할 때

A: **Excuse me. Where's the museum?**

익스큐즈 미. 웨어즈 더 뮤지엄

실례합니다. 박물관이 어디 있습니까?

B: **Go straight for about a mile.**

고 스트레잇 풔 어바우러 마일

곧장 1마일쯤 가세요.

뮤지컬, 연극, 콘서트 등의 정보는 그 도시의 정보지, 호텔의 인포메이션, 관광안내소에서 찾아볼 수 있어요. 예매를 해두는 것이 좋지만 미국이나 유럽의 대도시에서는 당일권을 반액으로 파는 경우도 있으니 참고하세요. How long does the concert to last?(공연 시간은 얼마나 돼요?) / Is this program free?(이 안내책자는 무료인가요?)

입장료는 얼마예요?

How much is the admission fee?

하우 머취 이즈 디 어드미션 퓌

어른 두 장 주세요.

Two adults, please.

투 어덜츠, 플리즈

오후 6시에 폐관합니다.

The closing time is 6 p.m.

더 클로징 타임 이즈 씩스 피엠

이 입체 전시물들 대단하지 않아요?

Aren't these dioramas excellent?

안ㅌ 디즈 다이어라머즈 엑셀런트

만지지 마세요.

Don't touch it.

돈ㅌ 터칫

피카소 작품은 어디 있어요?

Where are the works of Picasso?

웨어라 더 웍스 옵 피카소우

A: 실례합니다. 박물관이 어디 있습니까?

B: 곧장 1마일쯤 가세요.

□ □ □

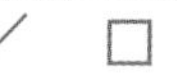

사진을 찍을 때

A: **Is it OK to take pictures here?**

이즈 잇 오케이 투 테익 픽춰스 히얼

여기서 사진 찍어도 되나요?

B: **Yes, of course.**

예스, 옵 코스

그럼요, 물론이죠.

미술관이나 박물관에서는 사진촬영이 금지되어 있는 곳이 많으므로 게시판을 잘 살펴야 해요. 요즘은 여행을 다니는 사람들이 대부분 셀카봉을 들고 다니면서 사진을 찍어 SNS에 올리는 게 전 세계적으로 유행이에요. 한국에서는 셀카라고 하지만 바른 영어 표현은 selfie이고, 셀카봉은 selfie stick이에요. 다른 사람을 찍을 때는 먼저 허락을 받는 거 잊지 마세요.

Basic Expression

여기서 사진 찍어도 되나요?

Can I take a picture here?

캔 아이 테이커 픽춰 히얼

여기서 플래시를 사용해도 되나요?

May I use a flash here?

메아이 유즈 어 플래쉬 히얼

사진 좀 찍어 주시겠어요?

Could you take a picture of me, please?

쿠쥬 테이커 픽쳐 옵 미, 플리즈

이 버튼만 누르세요.

Just press this button.

저슷 프레스 디스 버튼

같이 사진 찍어도 될까요?

Can I take a picture with you?

캔 아이 테이커 픽춰 위듀

셀카 찍자.

Let's take a selfie.

렛츠 테이커 셀피

☐ ☐ ☐

A: 여기서 사진 찍어도 되나요?

B: 그럼요, 물론이죠.

카지노에서

A: **Where do I buy chips?**

웨얼 두 아이 바이 칩스

칩은 어디서 사죠?

B: **You can get them from me.**

유 캔 겟 댐 프럼 미

여기서 살 수 있습니다.

라스베가스 같은 데 가서 경험 삼아 재미로 카지노에 들르더라도 기본 용어는 알아야겠죠? Bet(돈을 거는 것), Deck(52장의 카드 한 조), Chip(현금 대신 사용하는 토큰 모양의 화폐), Jackpot(슬롯머신 등에서 큰 상금이 터진 것), 딜러(Dealer, 테이블 게임을 진행하는 직원), 플로워(Floor, 딜러 뒤에서 게임을 감독하는 초급 간부), 시큐리티(Security, 치안 요원)

Basic Expression

괜찮은 카지노를 소개해 주시겠어요?

Could you recommend a good casino?

쿠쥬 레커멘더 굿 커시노

여기서는 어떤 게임(도박)을 할 수 있어요?

What kind of gambling can we play here?

왓 카인드 옵 갬벌링 캔 위 플레이 히얼

이 호텔에는 카지노가 있나요?

Is there any casino in this hotel?

이즈 데얼 애니 커시노 인 디스 호텔

게임(도박)을 하고 싶은데요.

I'd like to play gambling.

아이드 라익 투 플레이 갬벌링

칩을 현금으로 바꿔 주세요.

Cash my chips, please.

캐쉬 마이 칩스, 플리즈

이제 그만할게요.

I'll stop here.

아윌 스탑 히얼

A: 칩은 어디서 사죠?

B: 여기서 살 수 있습니다.

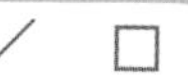

클럽 • 바에서

A: **When does the show start?**

웬 더즈 더 쇼우 스탓

쇼는 언제 시작되죠?

B: **Very soon, sir.**

베리 쑨, 써ㄹ

곧 시작됩니다.

클럽은 친구들과 음악을 들으면서 춤을 추러 가는 곳이고 바는 친구들과 술을 마시며 이야기를 나누러 가는 곳이죠. 클럽은 음악 장르에 따라서 나뉘기도 하는데 주로 힙합클럽, 하우스클럽, 부갈루클럽, 일렉트릭클럽 등이 있어요. 복장 규정이 까다로운 곳도 있으니 클럽이나 바의 분위기, 이벤트 내용, 입장료, 문 여는 시간 등을 미리 확인하는 게 좋아요.

Basic Expression

이 근처에 유흥업소가 있나요?

Are there any clubs and bars around here?

알 데얼 애니 클럽스 앤 바스 어롸운 히얼

괜찮은 나이트클럽 좀 추천해 주시겠어요?

Could you recommend a good night club?

쿠쥬 레커멘더 굿 나잇 클럽

디스코텍에 데리고 가주세요.

Take me to the disco, please.

테익 미 투 더 디스코, 플리즈

그 클럽의 쇼는 어떤 것이죠?

What kind of show do they have?

왓 카인드 옵 쇼 두 데이 햅

술값은 내나요?

Do you charge for drinks?

두 유 차쥐 풔 드링스

같이 춤을 추시겠어요?

Would you dance with me?

우쥬 댄스 위드 미

☐ ☐ ☐

A: 쇼는 언제 시작되죠?

B: 곧 시작됩니다.

스포츠 · 레저 즐기기

A: Can I make a reservation for golf?

캔 아이 메이커 레저베이션 풔 골프

골프 예약을 해 주시겠어요?

B: Surely. When do you want to play golf?

슈얼리. 웬 두 유 원투 플레이 골프

알겠습니다. 언제 하시겠습니까?

미국의 메이저리그 야구시합, 아메리칸풋볼, 농구 등 인기 있는 스포츠 경기를 보려면 반드시 예약을 해야 해요. 요즘은 휴가나 연휴, 심지어 주말 동안에 해외로 골프, 등산, 낚시 등의 레저 활동을 즐기기 위해 출국하는 사람들도 많아졌어요. 나라마다 특화되어 있는 레저 상품이 있으니까 서비스 품질, 비용, 시간 등을 잘 따져서 선택해야 해요.

미식축구 경기를 보고 싶은데요.

I want to see an American football game.

아이 원투 씨 언 어메리컨 풋볼 게임

표는 구할 수 있나요?

Can I get a ticket?

캔 아이 개러 티킷

좋아하는 스포츠가 뭐예요?

What's your favorite sport?

왓츠 유얼 페이버릿 스포츠

오늘 플레이할 수 있어요?

Can we play today?

캔 위 플레이 투데이

스키 용품은 어디서 빌릴 수 있죠?

Where can I rent ski equipment?

웨얼 캔 아이 렌트 스키 이킵먼ㅌ

서핑보드를 빌리고 싶은데요.

I'd like to rent a surfboard.

아이드 라익 투 렌터 서프보드

□ □ □

A: 골프 예약을 해 주시겠어요?

B: 알겠습니다. 언제 하시겠습니까?

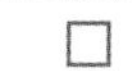

난처할 때

A: **What's wrong with you?**
왓츠 렁 위듀
뭐가 잘못 됐어요?

B: **I'm on the ropes.**
아임 온 더 롭스
죽을 지경이에요.

여행지에서 난처한 일이 발생했을 때 상황별로 연락할 수 있는 전화번호와 도움을 구할 때 쓸 수 있는 기본적인 표현들은 늘 준비되어 있어야 해요. 소소한 일이라도 낯선 곳에서는 훨씬 크고 급박하게 느껴질 수 있으니 혼자 해결하려고 애쓰지 말고 가까이 있는 사람에게 도움을 요청하세요. Help me, please!(도와주세요!)

문제가 생겼어요.

I have a problem.

아이 해버 프라블럼

어렵군요.

That's difficult.

댓츠 디피컬트

어떡하면 좋을지 모르겠어요.

I'm at a loss.

아임 애러 로스

꼼짝 못하게 갇혔어요.

I'm stuck.

아임 스턱

최악이야.

It's terrible.

잇츠 테러블

죽을 지경이에요.

I'm on the ropes.

아임 온 더 롭스

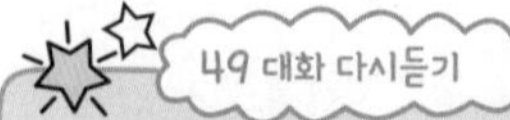

A: 뭐가 잘못 됐어요?

B: 죽을 지경이에요.

말이 통하지 않을 때

A: **Do you speak English?**
두 유 스픽 잉글리쉬
영어하세요?

B: **I don't speak English well.**
아이 돈ㅌ 스픽 잉글리쉬 웰
영어를 잘하지는 못합니다.

여행지에서 낯선 사람들에 둘러싸여 익숙하지 않은 언어로 말하다 보면 그 자리의 분위기나 상대에게 신경을 쓴 나머지 무슨 말인지 제대로 알아듣지도 못한 상태에서 고개를 끄덕이거나 알았다고 말해버리고 마는 경우가 흔해요. 하지만 관광객을 노리고 접근하는 사람들이 많으니 대답을 해야 하는 상황에서는 알아들을 때까지 다시 말해달라고 해야 해요.

Basic Expression

미안하지만 다시 한번요?

Pardon?

파든

다시 한번 말씀해주시겠어요?

Would you repeat that?

우쥬 리핏 댓

좀 더 천천히 말씀해 주시겠어요?

Would you speak more slowly?

우쥬 스픽 모어 슬로리

이 단어의 의미는 무엇입니까?

What does this word mean?

왓 더즈 디스 워드 민

여기 한국어를 하는 사람 있어요?

Does anyone here speak Korean?

더즈 애니원 히얼 스픽 코리언

미안합니다만, 못 들었어요.

I'm sorry, but I couldn't hear you.

아임 쏘리, 벗 아이 쿠든ㅌ 히얼 유

A: 영어하세요?

B: 영어를 잘하지는 못합니다.

쇼핑 안내를 받을 때

A: **Where's a good area for shopping?**

웨어즈 어 굿 에어리어 풔 샤핑

쇼핑하기에 어디가 좋죠?

B: **5th(fifth) Avenue is good.**

핍쓰 에비뉴 이즈 굿

5번가가 좋아요.

쇼핑은 여행의 커다란 즐거움의 하나죠. 나라마다 특색 있는 상품을 파는 유명한 가게들이 있어요. 여행을 떠나기 전에 쇼핑 목록을 작성하고 싼 가게, 쇼핑센터 등을 인터넷 서핑 등으로 사전에 파악해서 쇼핑 계획을 짜둬야 빠짐없이 알뜰하게 빠른 시간 내에 살 수 있어요. 바겐 시즌은 나라마다 달라요. 미국은 1월, 3월, 11월이고, 영국은 6~7월, 12~1월이에요.

Basic Expression

쇼핑가는 어디죠?

Where is the shopping area?

웨어리즈 더 샤핑 에어리어

가장 큰 쇼핑센터는 어디에 있어요?

Where is the biggest shopping center?

웨어리즈 더 빅기스트 샤핑 센터

여기서 가장 가까운 슈퍼마켓은 어디죠?

Where is the nearest supermarket from here?

웨어리즈 더 니어리숫 슈퍼마켓 프롬 히얼

집사람에게 줄 선물을 찾고 있는데요.

I'm looking for a gift for my wife.

아임 룩킹 풔러 깁트 풔 마이 와이프

백화점은 어디에 있어요?

Where is the department store?

웨어리즈 더 디파트먼ㅌ 스토어

면세점은 어디 있어요?

Where is the duty free shop, please?

웨어리즈 더 듀티 프리 샵, 플리즈

A: 쇼핑하기에 어디가 좋죠?

B: 5번가가 좋아요.

☐ ☐ ☐

쇼핑몰에서

Mini Talk

A: Do you have a floor plan?

두 유 해버 플로어 플랜

매장 안내도 있나요?

B: Yes, sir. Here you are.

예스, 써ㄹ. 히어 유 알

네, 여기 있습니다.

Check Point!

어느 나라나 쇼핑몰은 대개 규모가 굉장히 크기 때문에 매장, 엘리베이터, 에스컬레이터, 화장실, 식당가, 이벤트 몰 등 쇼핑몰 내의 시설 위치를 찾는 질문을 많이 하게 되죠. 우리가 흔히 착각하는 것이 for sale과 on sale이에요. for sale은 '판매용'이라는 뜻이고, on sal이 바로 우리가 찾는 '세일 중'이에요. for sale 팻말 앞에서 왜 가격이 안 싼지 따지지 마세요.

Basic Expression

매장 안내소는 어디에 있죠?

Where is the information booth?

웨어리즈 디 인풔메이션 부스

엘리베이터는 어디 있어요?

Where can I find the elevators?

웨얼 캔 아이 퐈인 더 엘리베이럴즈

쇼핑 카트 있는 데가 어디죠?

Where can I get a shopping cart?

웨어 캔 아이 게러 샤핑 카ㄹ트

그건 몇 층에 있나요?

Which floor is it on?

위치 플로어 이짓 온

화장품 코너는 어디에 있나요?

Where is the cosmetic counter?

웨어리즈 더 카즈메틱 카운터

이건 언제쯤 세일을 하죠?

When is it going to be on sale?

웨니즈 잇 고잉 투 비 온 세일

A: 매장 안내도 있나요?

B: 네, 여기 있습니다.

□ □ □

물건을 찾을 때

A: **Could you gift-wrap it?**

쿠쥬 깁트-래핏

선물용으로 포장해 주시겠어요?

B: **Yes, Ma'am.**

예스, 맴

네, 사모님.

Check Point!

물건을 찾을 때 가장 많이 쓰는 표현은 I would like ~.(~을 좀 사고 싶어요) / I'm looking for ~.(~을 찾고 있어요) / I need ~.(~이 필요해요) 패턴이에요. 찾고 있는 물건을 설명하기 어려울 때는 사진을 보여주면서 Do you have this?(이거 있어요?) / Do you know where I can get this?(이거 어디서 구할 수 있는지 아세요?)라고 물어도 되요.

도와드릴까요?

May I help you?

메아이 핼프 유

신발 매장은 어디 있어요?

Where can I find the shoes?

웨어 캔 아이 퐈인 더 슈즈

화장품 매장은 몇 층이에요?

Which floor is the cosmetics?

위치 플로어 이즈 더 카즈메틱스

그냥 둘러보고 있습니다.

I'm just looking.

아임 저슷 룩킹

제가 찾는 물건이 아닙니다.

That's not what I wanted.

댓츠 낫 워라이 원티드

더 작은 것은 없어요?

Don't you have a smaller one?

돈츄 해버 스몰러 원

A: 선물용으로 포장해 주시겠어요?

B: 네, 사모님.

☐ ☐ ☐

물건을 고를 때

A: It looks good on you.

잇 룩스 굿 온 유

잘 어울리시네요.

B: It fits perfectly. I'll take it.

잇 핏츠 퍼팩틀리. 아일 테이킷

몸에도 딱 맞아요. 이걸로 살게요.

가게에 들어가면 점원이 May I help you?(도와드릴까요?) / What are you looking for?(뭐 찾으세요?)라고 물어보죠. 그럴 때 I'm just looking.(그냥 보는 거예요)라고 대답하면 점원이 쫓아 다니지 않아요. 마음에 드는 상품은 점원에게 보여 달라고 부탁하고, I'm going to try it.(입어볼게요)라고 말한 다음, Fitting room(탈의실)에 가서 옷을 입어볼 수 있어요.

입어 봐도 될까요?

Can I try it on?

캔 아이 트라잇 온

이건 좀 작네요.

This is a little tight.

디시즈 어 리틀 타잇

이 옷은 무슨 천이에요?

What material is this dress made of?

왓 메테리얼 이즈 디스 드레스 메이돕

이거 세탁기 돌려도 되나요?

Is this machine-washable?

이즈 디스 머신-워셔블

저 셔츠 좀 보여주시겠어요?

Will you show me that shirt?

윌 유 쇼 미 댓 셧

이걸로 살게요.

I'll take it.

아일 테이킷

☐ ☐ ☐

A: 잘 어울리시네요.

B: 몸에도 딱 맞아요. 이걸로 살게요.

물건 값을 흥정할 때

A: It's out of my budget.

잇츠 아우롭 마이 버짓

그건 제 예산 밖인데요.

B: What's your budget?

왓츠 유얼 버짓

예산이 어느 정도인데요?

Check Point!

가게에 따라 값이 다른 경우가 많으니까 몇 군데 다녀보는 게 좋아요. 특히 보석이나 시계 등의 귀중품 종류는 믿을 수 있는 곳에서 사야 하죠. 값을 흥정하는 표현은 거의 정해져 있어요. Excuse me. How much is this?(저기요, 이거 얼마예요?)라고 묻고 That's a bit too expensive.(너무 비싸요)라고 말한 다음, Can I get a discount?(깎아주세요)라고 하는 거죠.

Basic Expression

너무 비싸요.

It's too expensive.

잇츠 투 익스펜십

가격은 적당하네요.

The price is reasonable.

더 프라이스 이즈 리즈너블

더 싼 것은 없나요?

Anything cheaper?

애니씽 칩퍼

할인해 줄 수 있어요?

Can you give me a discount?

캔 유 깁 미 어 디스카운

깎아주면 살게요.

If you discount I'll buy.

입퓨 디스카운 아일 바이

값은 깎지 마세요, 정찰제입니다.

We do not bargain. Our prices are fixed.

위 두 낫 바긴. 아워 프라이시즈 알 픽스트

55 대화 다시듣기

□ □ □

A: 그건 제 예산 밖인데요.

B: 예산이 어느 정도인데요?

물건 값을 계산할 때

A: **How much are they in all?**

하우 머취 알 데이 인 올

전부 얼마죠?

B: **Twenty-three dollars including tax.**

투웬티-쓰리 달러즈 인클루딩 택스

세금을 포함해서 23달러입니다.

물건을 계산할 때 필수표현은 계산방식이에요. 점원이 현금으로 계산할 건지 카드로 계산할 건지(Cash or credit?) 물으면 I'll pay in cash.(현금으로 할게요) 또는 I'll pay with credit(카드로 할게요)라고 하면 되요. 그냥 Cash. / Credit card.라고만 말해도 되요. 영수증을 달라고 해서(Receipt, please.) 그 자리에서 바로 계산 내역을 확인하세요.

Basic Expression

얼마예요?

How much is it?

하우 머취 이짓

전부 얼마예요?

How much are they in all?

하우 머취 알 데이 인 올

세금은 포함되어 있나요?

Does it include tax?

더짓 인클루드 택스

이건 무료예요?

Is this free of charge?

이즈 디스 프리 옵 차쥐

계산서를 주세요.

May I have a receipt?

메아이 해버 리씻

계산이 틀린 것 같은데요.

I think these figures don't add up.

아이 씽 디즈 퓌거스 돈ㅌ 애덥

□□□

A: 전부 얼마죠?

B: 세금을 포함해서 23달러입니다.

학습일 / ☐

포장이나 배달을 원할 때

A: **Do you deliver?**

두 유 딜리버

배달 되나요?

B: **No, we don't.**

노, 위 돈ㅌ

아뇨, 안 됩니다.

여행지에서 쇼핑할 때 구입한 물건들을 들고 다니는 것은 너무나 불편한 일이죠. 포장이나 배달을 부탁할 때 쓸 수 있는 간단한 표현을 쇼핑하러 갈 때 미리 알아두면 유용할 거예요. Would you wrap it up?(포장해 주세요) / Can I have this delivered to my place?(배달 가능한가요?) / Should I pay any extra charge for delivery?(배달요금이 따로 붙나요?)

Basic Expression

이것 좀 포장해 주세요.

Could you wrap this?

쿠쥬 랩 디스

선물용으로 포장해 주세요.

Wrap it up for a gift.

랩 이럽 풔러 깁트

선물용으로 포장하는 데 추가로 비용이 드나요?

Is there any extra charge for gift-wrapping?

이즈 데얼 애니 엑스트라 차쥐 풔 깁트-랩핑

이걸 따로따로 포장해 주세요.

Wrap them separately.

랩 댐 새퍼러틀리

배달해 줍니까?

Do you deliver?

두 유 딜리버

그걸 이 주소로 배달해 주세요.

Please deliver them to this address.

플리즈 딜리버 뎀 투 디스 어드레스

57 대화 다시듣기

□□□

A: 배달 되나요?

B: 아뇨, 안 됩니다.

교환이나 환불을 원할 때

A: Would you exchange this for another?

우쥬 익스체인쥐 디스 풔 어나더

이걸 다른 것과 교환해 주시겠습니까?

B: Yes, of course. Do you have the receipt?

예스, 옵 코스. 두 유 햅 더 리씻

물론이죠. 영수증 가지고 계십니까?

들뜬 기분으로 이것저것 샀다가 나중에 구입한 물건들을 정리하다보면 아, 이걸 왜 샀을까? 싶은 물건들을 발견하면 난감하죠. 환불 받을 때는 return 또는 refund, 교환할 때는 exchange를 사용해요. return은 물건을 돌려주면서 동시에 환불 받는 것을 의미하니까 refund를 따로 말하지 않아도 되요. 교환이나 환불을 받으려면 영수증이 꼭 있어야 한다는 점 잊지 마세요!

Basic Expression

이걸 교환해 주시겠어요?

Can I exchange this?

캔 아이 익스체인쥐 디스

다른 것으로 바꿔 주시겠어요?

Would you exchange it for another?

우쥬 익스체인쥐 잇 풔 어나더

여기 영수증 있습니다.

Here's the receipt.

히어즈 더 리씻

전혀 작동하지 않습니다.

It doesn't work at all.

잇 더즌ㅌ 웍 애롤

이걸 환불해 주시겠어요?

May I have a refund on this, please?

메아이 해버 리펀드 온 디스, 플리즈

이 표를 환불 받고 싶은데요.

I'd like to get a refund on this ticket.

아이드 라익 투 게러 리펀드 온 디스 티킷

58 대화 다시듣기

A: 이걸 다른 것과 교환해 주시겠습니까?

B: 물론이죠. 영수증 가지고 계십니까?

물건을 분실했을 때

A: Where have you lost it?

웨얼 해뷰 로스팃

어디서 잃어버렸나요?

B: I can't quite remember.

아이 캔ㅌ 콰잇 리멤버

기억이 가물가물해요.

해외여행 중에 무언가를 잃어버리면 참 대책 없죠. 귀중품 특히 여권을 잃어버렸을 때는 먼저 호텔의 경비담당이나 경찰에 신고를 하고 도난증명서를 발급받아야 해요. 재발행이나 보험을 청구할 때 필요하거든요. Where is the lost and found?(분실물 신고계가 어디죠?) / Please call the Korean Embassy.(한국대사관에 전화 좀 걸어 주세요)

Basic Expression

지갑을 잃어버렸어요.

I lost my wallet.

아이 로숫 마이 월릿

여권을 잃어버렸어요.

I have lost my passport.

아이 햅 로숫 마이 패스풋

그걸 어디서 잃어버렸는지 기억이 안 나요.

I don't remember where I left it.

아이 돈ㅌ 리멤버 웨어라이 래프트 잇

택시에 가방을 두고 내렸어요.

I left my bag in a taxi.

아이 렙트 마이 백 인 어 택시

이 근처에서 가방 하나 보셨어요?

Did you see a bag around here?

디쥬 씨 어 백 어롸운 히얼

분실물 센터는 어디입니까?

Where is the lost and found?

웨어리즈 더 로숫 앤 퐈운드

□ □ □

A: 어디서 잃어버렸나요?

B: 기억이 가물가물해요.

도난당했을 때

A: **My purse was stolen!**

마이 펄스 워즈 스톨른

지갑을 도둑맞았어요!

B: **Oh, report the card missing first.**

오, 리폿 더 카드 미씽 퍼슷

어머나, 카드분실 신고부터 하세요.

물건을 도둑맞거나 강도를 당했을 때는 경찰에 신고해야죠. Call the police, please.(경찰을 불러주세요)라고 부탁하든지 직접 경찰서에 가서 I have to report a theft.(도난 신고를 하려고요)라고 말해요. I was robbed of my bag in front of the hotel.(호텔 앞에서 가방을 털렸어요) / It is white and big.(크고 하얀색이에요) 등으로 상황과 도난당한 물건을 설명해요.

Basic Expression

지갑을 잃어버렸어요.

I lost my purse.

아이 로슷 마이 펄스

도난신고를 하고 싶어요.

I'd like to report a theft.

아이드 라익 투 리폿 어 쎄프트

옷가방을 도난당했어요.

I had my suitcase stolen.

아이 햇 마이 슛케이스 스톨른

지갑을 소매치기 당한 것 같아요.

My wallet was taken by a pickpocket.

마이 월릿 워즈 테이큰 바이 어 픽포킷

소매치기야!

Pickpocket!

픽포킷

경찰을 불러 주세요.

Call the police!

콜 더 폴리스

A: 지갑을 도둑맞았어요!

B: 어머나, 카드분실 신고부터 하세요.

PART 03

일상편

-EVERYDAY-

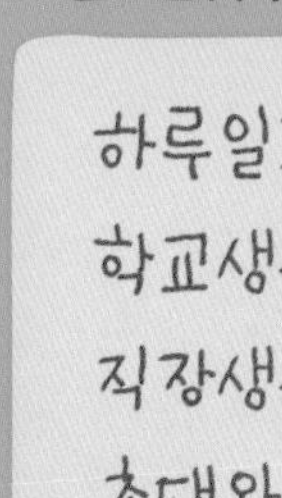

ENGLISH CONVERSATION

- 하루일과
- 학교생활
- 직장생활
- 초대와 방문
- 공공장소
- 병원

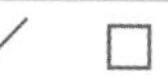

아침에 일어날 때

A: **Jane, did you get up?**

제인, 디쥬 게럽

제인, 일어났니?

B: **Yes, I did.**

예스, 아이 디드

네, 일어났어요.

Check Point!

아침에 일어나면(get up). 잠자리 정리하고(make the bed), 세수하고(wash my face), 이 닦고(brush my teeth), 머리 빗고(brush my hair) 등등 아침에 일어나서 하는 일은 누구나 다 똑같죠. 하지만 사용할 수 있는 표현들은 생각보다 참 많아요. 깨우는 표현만 해도 Wake up.(일어나) / Get up.(일어나) / The sun is up.(해 떴어) 등등 정말 다양하죠.

Basic Expression

일어났니?

Did you get up?

디쥬 게럽

얼른 일어나거라.

Get up quickly.

게럽 퀴클리

일어날 시간이야!

It's time to get up!

잇츠 타임 투 게럽

아직 졸려요.

I'm still sleepy.

아임 스틸 슬리피

잠은 잘 잤니?

Did you sleep well?

디쥬 슬립 웰

악몽을 꿨어요.

I had a nightmare.

아이 해더 나잇메어

□ □ □

A: 제인, 일어났니?

B: 네, 일어났어요.

아침식사

A: **Come and eat, Jane.**

컴 앤 잇, 제인

제인, 와서 밥 먹어.

B: **I'm coming, Mom.**

아임 커밍, 맘

가요, 엄마.

아침(breakfast)을 잘 먹는 것이 무척 중요하다는데 너무 바빠서 아침식사는 꿈도 못 꾸는 현대인들이 많죠. I just drink coffee for breakfast.(아침에는 커피만 마셔) / I have rice and soup for breakfast.(아침에 밥과 국을 먹어) / I usually eat a light breakfast.(아침은 대개 간단하게 먹어) / I am too busy to eat breakfast.(너무 바빠서 아침을 못 먹어)

Basic Expression

와서 밥 먹어.

Come and eat.

컴 앤 잇

밥 먹기 전에 손 씻어라.

Wash your hands before meals.

워시 유얼 핸즈 비풔 밀즈

오늘 아침은 뭐예요?

What's for breakfast?

왓츠 풔 블랙퍼슷

오늘 아침은 오믈렛이야.

I prepared an omelet for breakfast.

아이 프리페어드 언 어믈릿 풔 블랙퍼슷

잘 먹었습니다.

I've had enough.

아이브 햇 이넙

아침 먹을 시간 없어요.

I don't have time for breakfast.

아이 돈ㅌ 햅 타임 풔 블랙퍼슷

A: 제인, 와서 밥 먹어.

B: 가요, 엄마.

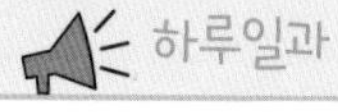

집을 나설 때

A: **I'm leaving. Bye mom!**
아임 리빙. 바이 맘
다녀올게요, 엄마.

B: **What time will you come home?**
왓 타임 윌 유 컴 홈
몇 시에 돌아오니?

학교에 가건 회사에 출근을 하건 아침에 집을 나설 때는 누구나 늘 정신없이 바쁘죠? '출근하다'라는 말은 대개 go to work나 get to work, come to work로 표현해요. 집에서 나올 때는 be off to work를 써서 I'm off to work now, mom!(엄마, 나 지금 일하러 가요!)라고 표현하기도 하고 start를 쓸 때도 있어요. What time do you start work?(언제 출근해?)

Basic Expression

이 닦았니?

Did you brush your teeth?

디쥬 브러쉬 유얼 티쓰

세수 했니?

Did you wash your face?

디쥬 워시 유얼 페이스

빨리 옷 입어라.

Hurry up and get dressed.

허리 업 앤 겟 드레스트

오늘은 뭘 입지?

What should I wear today?

왓 슈다이 웨어 투데이

다녀올게요.

I'm leaving.

아임 리빙

오늘은 몇 시에 돌아오니?

What time will you come home today?

왓 타임 윌 유 컴 홈 투데이

□ □ □

A: 다녀올게요, 엄마.

B: 몇 시에 돌아오니?

집안일

A: I'll do the dishes tonight.

아일 두 더 디쉬즈 투나잇

오늘 저녁 설거지는 제가 할게요.

B: That sounds good!

댓 싸운즈 굿

그거 좋은데!

Check Point!

청소, 빨래, 요리, 설거지 등의 온갖 집안일을 영어로는 household chores라고 해요. do the household chores(집안일을 하다)를 써서 Who does the household chores?(집안일은 누가 해요?)라고 표현하죠. 진공청소기로 돌리는 것은 vacuum, 바닥을 닦는 것은 wipe, 빨래는 do the laundry, 요리는 cook, 설거지는 do the dishes 혹은 wash the dishes예요.

Basic Expression

내 방은 너무 지저분해요.

My room is so messy.

마이 룸 이즈 쏘 메시

방 청소 좀 해라.

Clean up your room.

클린 업 유얼 룸

쓰레기 좀 내다버려 줄래?

Can you throw out the garbage?

캔 유 쓰로 아웃 더 가비쥐

설거지는 제가 할게요.

I'll do the dishes.

아일 두 더 디쉬즈

진공청소기로 바닥을 청소했어요.

I vacuumed the floor.

아이 배큐엄드 더 플로어

바닥 좀 닦아줄래?

Would you mop the floor?

우쥬 맙 더 플로어

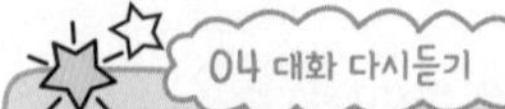

☐ ☐ ☐

A: 오늘 저녁 설거지는 제가 할게요.

B: 그거 좋은데!

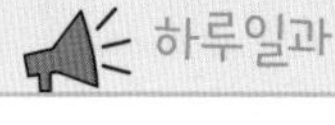

세탁

A: There's a pile of laundry.

데얼즈 어 파일 옵 런드리

빨래가 쌓여 있어요.

B: I'll run the washing machine.

아일 런 더 워싱 머신

내가 세탁기 돌릴게요.

세탁에 대한 영어 표현은 세탁 관련 용어 몇 개만 알면 어려울 게 없어요. '세탁하다'는 do the laundry 또는 do the wash, '세탁물'은 wash 또는 laundry, 세탁기는 washing machine 또는 간단하게 washer, 빨랫줄은 clothesline 또는 washing line, 빨래판은 washboard, 빨래건조대는 clothes drying rack, 빨래집게는 a clothespin, 빨래통은 a washtub예요.

Basic Expression

빨래가 쌓여 있어요.

There's a pile of laundry.

데얼즈 어 파일 옵 런드리

다려야 할 옷이 산더미예요.

There's a huge pile of ironing.

데얼즈 어 휴 파일 옵 아이언닝

빨래를 해야 해요.

I have to do laundry.

아이 햅 투 두 런드리

건조대에 빨래 좀 널어 줘요.

Hang out the washing on the rack, please.

행 아웃 더 워싱 온 더 랙, 플리즈

빨래를 개야 해요.

I have to fold the laundry.

아이 햅 투 폴드 더 런드리

빨래할 거 있어요?

Do you have anything to wash?

두 유 햅 애니씽 투 워시

□ □ □

A: 빨래가 쌓여 있어요.

B: 내가 세탁기 돌릴게요.

학습일 / ☐

귀가

A: **I'm home.**

아임 홈

다녀왔어요.

B: **Come on, dinner's almost ready.**

컴 온, 디너즈 올모슷 레디

어서 오세요, 저녁 준비 거의 다 됐어요.

하루 종일 열심히 일하다 보면 어느새 퇴근할 시간이 되죠. '퇴근하다'는 get off work 패턴을 써요. get off라고? 무척 익숙하죠? 아하, 버스나 지하철, 택시에서 내릴 때 get off를 쓰죠! 퇴근도 일에서 벗어나는 것이기 때문에 get off work라는 표현을 쓰는 거겠죠. leave work나 leave the office라고 해도 되요. I am ready to get off work.(퇴근할 준비 됐어)

Basic Expression

다녀왔습니다.

I'm home.

아임 홈

오늘 어땠어요?

How was your day?

하우 워즈 유얼 데이

간식 좀 주세요.

May I have some snack?

메아이 햅 썸 스낵

저녁식사 준비됐어요.

Dinner's ready.

디너즈 레디

밥 먹기 전에 샤워할게요.

I'll take a shower before dinner.

아일 테이커 샤워 비풔 디너

오늘은 좀 늦을 거예요.

I might be home late.

아이 마잇 비 홈 레잇

☐ ☐ ☐

A: 다녀왔어요.

B: 어서 오세요, 저녁 준비 거의 다 됐어요.

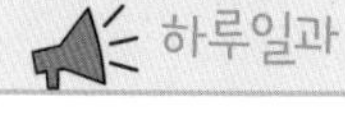

요리

A: **Can I help you cooking?**

캔 아이 헬프 유 쿠킹

요리하는 걸 좀 도와드릴까요?

B: **Set the table.**

셋 더 테이블

식탁을 차려라.

Check Point!

음식을 먹을 때는 흔히 음식 얘기를 많이 하게 되잖아요. 그럴 때 기본적인 조리 용어만 알아도 한결 듣고 말하기가 쉬워져요. boiling(끓이거나 삶기), parboil(반숙하기), blanching(데치기), steaming(찌기), frying(튀기기), sauteing(프라이팬에 기름을 살짝 넣고 빨리 볶기), stirfry(웍(wok)을 사용해 볶기), broilling(굽기), grilling(굽기). roasting(오븐에서 굽기)

내가 점심 준비할게요.

I'll fix lunch.

아일 픽스 런치

테이블 세팅은 내가 할게요.

Let me set the table.

렛 미 셋 더 테이블

반죽을 얇게 미세요.

Roll the dough thin.

롤 더 도우 씬

마늘하고 생강 좀 넣어주세요

Add in some garlic and ginger.

애드 인 썸 갈릭 앤 진저

고기를 아주 얇게 저미세요.

Cut the meat into very thin slices.

컷 더 밋 인투 베리 씬 슬라이시즈

양파를 버터에 볶아주세요.

Fry the onion in the butter.

프라이 디 어니언 인 더 버러

□ □ □

A: 요리하는 걸 좀 도와드릴까요?

B: 식탁을 차려라.

저녁식사

A: What did you have for dinner?

왓 디쥬 햅 풔 디너

저녁에 뭐 먹었어요?

B: I had a ham sandwich.

아이 해더 햄 샌드위치

햄샌드위치요.

저녁식사에 대해 말할 때 dinner와 supper 둘 다 쓸 수 있어요. dinner는 '하루의 주된 식사, 정찬, 만찬'을 뜻하는 저녁식사를 말하고, supper는 '격식 없이 집에서 먹는 저녁식사'를 말해요. 미국인들은 대부분 저녁에 정찬(dinner)을 먹기 때문에 dinner가 저녁식사로 쓰이는 거죠. 만약 하루의 주된 식사가 점심에 제공되면 그것 역시 dinner라고 부른답니다.

오늘 저녁 메뉴는 뭐예요?

What's on the menu tonight?

왓츠 온 더 메뉴 투나잇

저녁은 어떤 걸 먹을까요?

What do you like for dinner?

왓 두 유 라익 풔 디너

반찬으로 불고기를 먹었어요.

I had bulgogi with side dishes.

아이 햇 불고기 윗 사이드 디쉬즈

우리는 토요일마다 음식 장을 봐요.

We go food shopping on Saturdays.

위 고 풋 샤핑 온 세러데이즈

입에 맞게 소금으로 간을 맞추세요.

Season to taste with salt.

시즌 투 테이슷 윗 솔트

커피물 좀 올려주실래요?

Could you start the coffee?

쿠쥬 스탓 더 커피

☐☐☐

A: 저녁에 뭐 먹었어요?

B: 햄샌드위치요.

잠자기 전에

A: **What are you doing?**

워라유 두잉

뭐하니?

B: **I'm just watching TV.**

아임 저슷 워칭 티비

그냥 TV 보고 있어요.

잠자리에 들기 전에 하는 인사는 그날의 수고를 마무리하고 내일을 활기차게 맞이하라는 응원의 메시지일 수도 있어요. 잠자기 전 인사의 대명사 Good Night!을 SNS에서는 Gnite!이라고 써요. Nighty night.(잘 자), Time to catch some z's now.(이제 잘 시간이야) 여기서 z's는 잠(sleep)을 뜻하는 속어예요. Sweet dreams.(좋은 꿈 꿔)처럼 다정한 인사도 있어요.

Basic Expression

뜨거운 물로 목욕하고 싶어요.

I'd like to take a hot bath.

아이드 라익 투 테이커 핫 배스

텔레비전에서 뭐 재미있는 거 해요?

Is there anything good on TV?

이즈 데얼 애니씽 굿 온 티비

숙제는 했니?

Did you do your homework?

디쥬 두 유얼 홈웍

게임 좀 그만하지 그러니?

Why don't you just stop playing games?

와이 돈츄 저슷 스탑 플레잉 게임스

잭! 이제 잘 시간이야.

Hey, Jack! It's time for bed now.

헤이, 잭! 잇츠 타임 풔 벳 나우

잘 자. 좋은 꿈 꿔.

Goodnight. Sweet dreams.

굿나잇. 스윗 드림스

☐ ☐ ☐

A: 뭐하니?

B: 그냥 TV 보고 있어요.

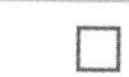

휴일

A: **Get up! Let's go grocery shopping.**

게럽! 렛츠 고 그로우서리 샤핑

일어나요! 장보러 갑시다.

B: **No, I want to sleep in on Sundays.**

노, 아이 원투 슬립 인 온 썬데이즈

싫어요. 일요일엔 늦잠자고 싶어요.

우리에게 노는 날은 다 휴일로 통하지만 영어권에서는 종류마다 휴일 명칭이 달라요. Holiday는 국가에서 정한 휴일을 말하는데 영국에서만 개인적인 휴가예요. 월차는 days off, 병가는 sick leave, 출산휴가는 maternity leave예요. 학교나 직장에서 받는 방학과 휴가는 break 또는 vacation으로 표현해요. winter break(겨울방학), summer vacation(여름방학)

Basic Expression

오늘 우리 뭐 할까요?

What shall we do today?

왓 쉘 위 두 투데이

낮잠을 자고 싶어요.

I want to take a nap.

아이 원투 테이커 냅

그냥 좀 쉬어야겠어요.

I need to just rest.

아이 닛 투 저슷 레슷

공원에 갈까요?

How about going to the park?

하우 어바웃 고잉 투 더 팍

장보러 갑시다.

Let's go grocery shopping.

렛츠 고 그로우서리 샤핑

오늘 저녁은 외식하는 게 어때요?

How about going out for dinner?

하우 어바웃 고잉 아웃 풔 디너

□ □ □

A: 일어나요! 장보러 갑시다.

B: 싫어요. 일요일엔 늦잠자고 싶어요.

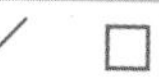

입학

Mini Talk

A: **Where is the admission office?**
웨어리즈 디 어드미션 오피스
입학사무실은 어디 있어요?

B: **Go straight.**
고 스트레잇
곧장 가세요.

Check Point!

3월이 되면 초등학교부터 대학교까지 입학식을 합니다. 새봄, 새학기는 새내기들에게 하고 싶은 것도, 해야 할 일도 정말 많은 시절이죠. 입학식은 entrance ceremony예요. enroll, enter, sign up과 같은 다양한 단어가 '입학하다'라는 의미로 쓰여요. I entered A University.(나는 A대학에 들어갔어) / He signed up for the tennis team.(그는 테니스 팀에 들어갔어)

Basic Expression

입학사무실은 어디 있어요?

Where is the admission office?

웨어리즈 디 어드미션 오피스

성적증명서는 어디서 신청해요?

Where do I request my transcript?

웨얼 두 아이 리퀘스트 마이 트랜스크립

수강과목을 어떻게 추가하거나 취소할 수 있어요?

How do I add or drop classes?

하우 두 아이 애드 오어 드랍 클래시즈

이 수업을 선택과목으로 들을 수 있을까요?

Can I take this class as an elective?

캔 아이 테익 디스 클래스 애즈 언 일렉팁

나는 남녀공용 층에 살아요.

I live on a co-ed floor.

아이 립 온 어 코-에드 플로어

안내책자를 받지 못했어요.

I haven't received the brochure.

아이 해븐ㅌ 릿시브드 더 브러슈어

□ □ □

A: 입학사무실은 어디 있어요?

B: 곧장 가세요.

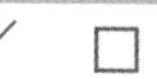

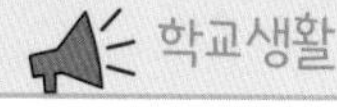

전공

A: **What are you studying?**
워라유 스터딩
무슨 공부하세요?

B: **Elementary education.**
엘리먼트리 에듀케이션
초등교육이요.

'~을 전공하다'라고 표현하려면 전공과목 앞에 major in을 붙이면 돼요. 전공이 뭐냐고 물을 때는 대개 What are you studying?(무엇을 공부하세요?) 또는 What's your major?(전공이 뭐예요?)라고 물어요. I'm studying history.(역사를 공부해요) / I majored in education.(교육을 전공했어요) / I'm studying biology.(생물학을 공부하고 있어요)

Basic Expression

무슨 공부하세요?

What are you studying?

워라유 스터딩

역사를 공부하고 있어요.

I'm studying history.

아임 스터딩 히스토리

생물학을 공부하고 있어요.

I'm studying biology.

아임 스터딩 바이얼러지

전공이 뭐예요?

What's your major?

왓츠 유얼 메이저

경제학을 전공하고 있어요.

I'm majoring in economics.

아임 메이저링 인 이카나믹스

영문학을 전공했어요.

I majored in English literature.

아이 메이저드 인 잉글리쉬 리터레춰

☐ ☐ ☐

A: 무슨 공부하세요?

B: 초등교육이요.

수업

A: May I ask you a question?

메아이 애스큐 어 퀘스천

질문 하나 해도 될까요?

B: Sure.

슈얼

물론이죠.

우리는 보통 수업을 듣는다고 말하죠? 그래서 한국말을 영어로 옮길 때 헷갈리는 표현 중의 하나예요. 우리말 그대로 옮겨서 listen a class라고 하면 절대로 안 되고 take a class라고 해야 하거든요. I take the writing class.(나 작문 수업 들어) / I have to go to take a class.(나 수업 들으러 가야돼) 잘 봐두고 헷갈리지 않게 조심하세요.

질문 있어요.

I have a question.

아이 해버 퀘스쳔

좀 더 크게 말씀해 주시겠어요?

Could you speak up a little?

쿠쥬 스픽 업퍼 리틀

더 쉬운 영어로 말씀해 주세요.

Speak in easier English.

스픽 인 이지어 잉글리쉬

그거 어떻게 쓰죠?

How do you spell that?

하우 두 유 스펠 댓

그게 무슨 뜻이에요?

What do you mean by that?

왓 두 유 민 바이 댓

그것을 간단히 설명해 주시겠어요?

Can you explain it briefly?

캔 유 익스플레닛 브리플리

☐ ☐ ☐

A: 질문 하나 해도 될까요?

B: 물론이죠.

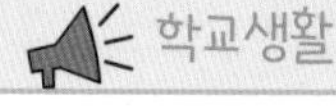

시험

A: I just heard I passed my exam.

아이 저슷 허드 아이 패스트 마이 이그잼

방금 내가 시험에 합격했다는 소식을 들었어요.

B: Oh, that's great! Congratulations!

오, 댓츠 그레잇! 컹그레츄에이션스

아, 정말 잘됐다! 축하해!

Check Point!

시험이라는 의미로 쓸 수 있는 단어는 대표적으로 quiz, test, exam 3가지예요. 섞어 쓰면 절대로 안 되는 건 아니지만 약간 차이가 있어요. quiz는 가장 작은 규모의 시험으로 예고 없이 갑자기 치르는 퀴즈는 특별히 pop quiz라고 해요. test는 중간 규모의 시험이고 exam는 가장 큰 규모의 시험으로 학기말 고사 개념이에요.

Basic Expression

시험이 언제부터죠?

When does the exam start?

웬 더즈 디 이그잼 스탓

내일 시험이 있어요.

I have an exam tomorrow.

아이 해번 이그잼 투머러우

나 그 시험 완전 잘 봤어요.

I aced the test.

아이 에이스트 더 테슷

나 그 시험 잘 못 봤어요.

I didn't do well on the test.

아이 디든ㅌ 두 웰 온 더 테슷

시험을 망쳤어요.

I messed up on my test.

아이 메스트 어폰 마이 테슷

영어시험을 또 낙제했어요.

I failed the English exam again.

아이 페일드 디 잉글리쉬 이그잼 어게인

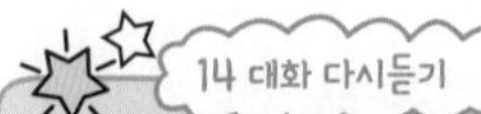

A: 방금 내가 시험에 합격했다는 소식을 들었어요.

B: 아, 정말 잘됐다! 축하해!

성적

A: Why do you seem so blue?
와이 두 유 씸 쏘 블루
왜 그렇게 우울해 보이니?

B: My grades went down.
마이 그레이즈 원ㅌ 다운
성적이 떨어졌어요.

시험을 보는 것도 고역이지만 정작 중요한 건 성적표가 나오는 날이죠. 성적, 점수를 말할 때는 grade라는 단어를 사용해요. 성적이 떨어지고 있다고 말할 때는 My grade is dropping. / My grade is suffering.이라고 해요. cram for the test(벼락치기)를 해서 그나마 점수가 잘 나왔을 땐 I crammed for the test and got a good grade.라고 표현해요.

Basic Expression

A 받았어요.

I got an A.

아이 가런 에이

영어시험은 100점 맞았어요.

I got 100 points on the English test.

아이 갓 원 헌드레드 포인츠 온 디 잉글리쉬 테슷

성적이 올랐어요.

My grades went up.

마이 그레이즈 웬텁

성적이 떨어졌어요.

My grades went down.

마이 그레이즈 웬ㅌ 다운

수학성적은 어땠어?

What was your score in Math?

왓 워즈 유얼 스코어 인 매스

그는 자기 반에서 1등이에요.

He is at the top of his class.

히 이즈 앳 더 탑 옵 히즈 클래스

□□□

A: 왜 그렇게 우울해 보이니?

B: 성적이 떨어졌어요.

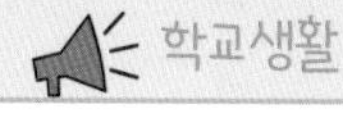

동아리활동

A: How about joining our club?

하우 어바웃 조이닝 아워 클럽

우리 동아리에 들어오는 게 어때요?

B: I'm in band club.

아임 인 밴드 클럽

저는 밴드 동아리를 하고 있어요.

동아리 활동이 가장 왕성한 것은 아무래도 대학교예요. 어학학습 동아리를 비롯해서, 봉사, 사진, 영화, 역사, 무술, 무선통신, 연극, 음악, 발명, 스포츠, 댄스, 힙합, B-boy, 게임, 로봇, 창업, 용돈관리, 증권, 부동산 동아리 등 종류도 정말 많고요. (social) club은 book club(독서클럽) 같은 서클이고, society는 Humane Society(동물애호협회) 같은 모임이나 단체예요.

Basic Expression

저는 밴드 동아리를 하고 있어요.

I'm in band club.

아임 인 밴드 클럽

어느 동아리에 들고 싶어요?

Which club do you want to join?

위치 클럽 두 유 원투 조인

우리 동아리에 들어오는 게 어때요?

How about joining our club?

하우 어바웃 조이닝 아워 클럽

지난달에 이 동아리에 가입했어요.

I joined this club last month.

아이 조인드 디스 클럽 래슷 먼스

이 동아리 회원이세요?

Are you a member of this club?

알 유 어 멤버 옵 디스 클럽

가입 신청서를 써주세요.

Please fill out this membership form.

플리즈 필 아웃 디스 멤버쉽 폼

A: 우리 동아리에 들어오는 게 어때요?

B: 저는 밴드 동아리를 하고 있어요.

학교행사

A: **Jane, it's time to get up!**

제인, 잇츠 타임 투 게럽

제인, 일어날 시간이야!

B: **It is a school anniversary, Mom.**

이리즈 어 스쿨 애니버써리, 맘

오늘은 개교기념일이에요, 엄마.

학교행사는 school events라고 해요. 입학식(entrance ceremony), 졸업식(graduation ceremony), 시업식(the opening ceremony), 종업식(the closing ceremony), 학예회(school festival), 현장체험/현장학습(field trip), 수학여행(school trip 또는 school excursion), 소풍(school trip), 운동회(field day) 등 여러 가지 크고 작은 행사가 있어요.

Basic Expression

오늘은 개교기념일이에요.

It is a school anniversary.

이리즈 어 스쿨 애니버써리

겨울방학이 다가와요.

The winter vacation is coming.

더 윈터 베케이션 이즈 커밍

난 새학기를 기다려요.

I look forward to the beginning of school.

아이 룩 풔워드 투 더 비기닝 옵 스쿨

오늘은 우리 학교 축제의 전야제가 있었어요.

We celebrated the eve of my school festival.

위 샐러브레이팃 더 이브 옵 마이 스쿨 페스티벌

우리는 일본으로 수학여행을 갔어요.

We went on a school trip to Japan.

위 웬ㅌ 온 어 스쿨 트립 투 재팬

딸아이가 오늘 소풍을 가요.

Our daughter is going on a picnic today.

아워 다우러 이즈 고잉 온 어 피크닉 투데이

A: 제인, 일어날 시간이야!

B: 오늘은 개교기념일이에요, 엄마.

학습일 / ☐

아르바이트

A: **What kind of part-time job shall we get?**

왓 카인드 옵 파트-타임 잡 쉘 위 겟

우리 어떤 아르바이트 할까?

B: **Umm, I got a part-time job yesterday.**

음, 아이 가러 파트-타임 잡 예스터데이

음, 난 어제 아르바이트를 구했어.

우리는 흔히 알바, 아르바이트라고 말하지만 정확한 표현은 part time job이에요. 요즘에는 우리나라에서도 파트타이머라는 말을 쓰기도 하죠. '아르바이트하다'라고 표현할 때는 do a part time job 또는 work part time을 써요. 현지에서는 moonlight이라는 표현도 많이 쓰는데 모두 퇴근하고 집에 있을 달밤에 일을 한다고 해서 붙여진 표현이래요.

시간제 아르바이트 자리 있나요?

Are there any offers of part-time work?

알 데얼 애니 어퍼스 옵 파트-타임 웍

아르바이트를 찾고 있어요.

I'm looking for a part-time job.

아임 룩킹 풔러 파트-타임 잡

나는 과외 아르바이트를 해요.

I tutor as a part-time job.

아이 튜터 애저 파트-타임 잡

나는 방학 동안 아르바이트를 했어요.

I worked a part-time job during vacation.

아이 웍터 파트-타임 잡 듀어링 베케이션

어제 아르바이트를 구했어요.

I got a part-time job yesterday.

아이 가러 파트-타임 잡 예스터데이

나는 시간당 6달러 받고 아르바이트해요

I work part-time for 6 dollars an hour.

아이 웍 파트-타임 풔 식스 달러즈 언 아워

A: 우리 어떤 아르바이트 할까?

B: 음, 난 어제 아르바이트를 구했어.

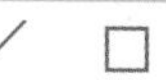

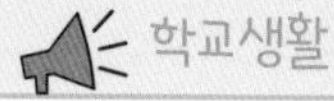

데이트

A: **What do you think of me?**

왓 두 유 씽콥 미

날 어떻게 생각해?

B: **Sorry, you're not my type!**

쏘리, 유아 낫 마이 타입

미안하지만, 넌 내 타입 아니야.

무척 끌리는 사람이라도 외국인이라면 아무래도 망설여질 거예요. 감정을 영어로 표현하는 게 쉽지 않게 느껴질 테니까요. 하지만 마음이 있는 곳에 길이 있는 법, 데이트에 필요한 표현들을 하나씩 표현하다 보면 금방 늘어요. Would you like to have dinner with me?(같이 저녁 먹을래요?)로 시작해서 서툰 칭찬이라도 듬뿍해주세요. You look great!(정말 멋져요!)

만나는 사람 있어요?

Are you seeing anyone?

알 유 씨잉 애니원

커피 한 잔 할래요?

Fancy a coffee?

팬시 어 커피

저를 어떻게 생각하세요?

What do you think of me?

왓 두 유 씽콥 미

집까지 바래다 드려도 될까요?

Can I walk you home?

캔 아이 웕크 유 홈

전화번호를 알 수 있을까요?

Could I take your phone number?

쿠다이 테익 유얼 폰 넘버

그녀는 연하남과 사귀고 있어요.

She is seeing a younger man.

쉬 이즈 씨잉 어 영거 맨

□ □ □

A: 날 어떻게 생각해?

B: 미안하지만, 넌 내 타입 아니야.

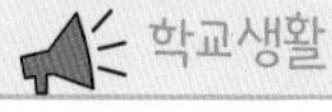

졸업

A: Congratulations on your graduation!

컹그레츄에이션스 온 유얼 그레쥬에이션

졸업 축하해요!

B: Thank you for coming.

땡큐 풔 커밍

와주셔서 고마워요.

2월은 졸업식 시즌이에요. 졸업식은 graduation ceremony라고 합니다. Congratulations on your graduation!(졸업을 축하해!)에서 Congratulations on은 줄여서 Congrats!라고도 해요. 미국에서는 대학 졸업식을 graduation 대신 commencement(시작, 개시)라고도 해요. 대학교를 마치는 것은 곧 새로운 사회생활을 시작한다는 것을 뜻하는 거죠.

Basic Expression

졸업 축하해요!

Congratulations on your graduation!

컨그래츄레이션스 온 유얼 그래쥬에이션

난 2011년에 졸업했어요.

I graduated in 2011.

아이 그래쥬에이팃 인 투 싸우전 일레븐

우리는 그녀의 대학 졸업식에 참석했어요.

We attended her college graduation.

위 어텐딧 헐 칼리쥐 그래쥬에이션

졸업 선물 고마워요.

Thank you for the graduation gift.

땡큐 풔 더 그래쥬에이션 깁트

언제 졸업을 했죠?

When did you graduate?

웬 디쥬 그래쥬에잇

너 대학 졸업 언제하는 거야?

When do you graduate from college?

웬 두 유 그래쥬에잇 프럼 칼리쥐

□ □ □

A: 졸업 축하해요!

B: 와주셔서 고마워요.

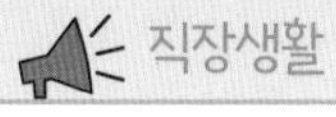

Unit 21

출퇴근

Mini Talk

A: **How do you go to work?**

하우 두 유 고 투 웍

뭐 타고 출근하세요?

B: **I go to work by bus.**

아이 고 투 웍 바이 버스

난 버스로 출근해요.

Check Point!

회사 생활에서 출퇴근은 아주 중요한 일과예요. '출근하다'는 주로 come[go] to the office, get to work로 표현하는데, 출근하는 방법에 따라 drive to work(차로 출근), walk to work(걸어서 출근) 등으로 다양하게 표현할 수 있어요. 퇴근에 대한 표현은 주로 after work, leave the office를 써요. 조퇴할 때는 leave early, go home early, 하루 휴가는 day off예요.

뭐 타고 출근하세요?

How do you go to work?

하우 두 유 고 투 웕

난 자동차로 출근해요.

I go to work by car.

아이 고 투 웕 바이 카ㄹ

한 시간 정도 걸려요.

It takes about an hour.

잇 테익스 어바웃 언 아워

사무실이 집에서 가까워요.

The office is near to my house.

디 아피스 이즈 니어 투 마이 하우스

몇 시에 퇴근하세요?

When do you get off?

웬 두 유 게롭

오늘 일은 몇 시에 끝나요?

What time do you get off work today?

왓 타임 두 유 게롭 웕 투데이

A: 뭐 타고 출근하세요?

B: 난 버스로 출근해요.

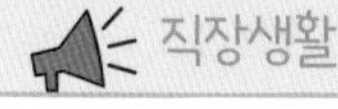

회사생활

A: **I asked my boss for a raise.**

아이 애슥트 마이 보스 풔러 레이즈

사장님에게 월급 인상을 요구했어요.

B: **What? What did he say?**

왓? 왓 디드 히 쎄이

뭐라고요? 그가 뭐래요?

회사생활에 대한 기본 표현을 I'm the new recruit.(신입사원이에요) / I am an office worker.(사무직이에요) / Now I work for a computer company.(지금 컴퓨터 회사에서 일해요) / I work five days a week.(1주에 5일 근무해요) 등 다양하게 익혀두세요. '취업되어 일하고 있다'는 I am at work.이고 '실직했다'는 I lost my job. / I am out of work.예요.

Basic Expression

언제 입사하셨어요?

When did you join the company?

웬 디쥬 조인 더 컴퍼니

직책이 뭐예요?

What's your job title?

왓츠 유얼 잡 타이틀

근무시간이 어떻게 되나요?

What are your office hours?

워라유얼 어피스 아워즈

일에 점점 익숙해지고 있어요.

I'm getting used to the work.

아임 게링 유스터 더 웍

월급이 인상되어 기뻐요.

I'm happy to get a raise.

아임 해피 투 게러 레이즈

일주일에 이틀 쉬어요.

I have two days off each week.

아이 햅 투 데이즈 업 이치 윅

A: 사장님에게 월급 인상을 요구했어요.

B: 뭐라고요? 그가 뭐래요?

컴퓨터와 인터넷

A: **Do you offer any wireless access?**
두 유 오퍼 애니 와이어리스 엑세스
무선 인터넷 되나요?

B: **Yes, we do.**
예스, 위 두
네, 됩니다.

Check Point!

인터넷과 관련된 기본적인 용어들을 몇 가지만 알고 있어도 유용하게 쓸 수 있어요. 핫스팟(Hotspot)은 인터넷이 가능한 지역을 말해요. 요즘은 와이파이지역이라고도 하죠. 쿠키(Cookie)는 웹사이트의 방문기록을 모아두었다가 다시 방문할 때 도와주는 파일이고, 도메인 네임(Domain name)은 인터넷 주소, Internet shopping mall은 online shopping mall이 맞아요.

Basic Expression

컴퓨터를 켜주세요.

Turn the computer on.

턴 더 컴퓨러 온

인터넷에 들어갔어요?

Did you go onto the internet?

디쥬 고 온투 디 인터넷

난 인터넷 서핑하는 거 좋아해요.

I like surfing the internet.

아이 라익 서핑 디 인터넷

난 지금 인터넷 게임을 하고 있어요.

I'm playing an internet game.

아임 플레잉 언 인터넷 게임

내 컴퓨터 바이러스 걸린 것 같아요.

I think my computer has a virus.

아이 씽 마이 컴퓨러 해저 바이러스

무선 인터넷 되나요?

Do you offer any wireless access?

두 유 오퍼 애니 와이어리스 액세스

☐ ☐ ☐

A: 무선 인터넷 되나요?

B: 네, 됩니다.

학습일 / □

이메일과 팩스

A: I sent you an e-mail but it got returned.

아이 샌트 유 언 이-메일 버릿 갓 리턴드

이메일 보냈는데 되돌아왔던데요.

B: What? When?

왓? 웬

뭐라고요? 언제요?

현대는 편지가 사라진 시대라고들 말해요. 문자, SNS, 이메일, 팩스 등으로 바로바로 의사소통이 되는 시대니까요. 영어로, 특히 비즈니스 이메일을 작성할 때 갖춰야 할 형식과 주의할 점을 알아둬야 실수를 피할 수 있어요. 많이 쓰는 약어로는 ATTN(attention, 이메일 수신인), CC(carbon copy, 이메일 참조), RSVP(please reply, 회신 바람) 등이 있어요.

이메일 잘 받았습니다.

Thank you for your e-mail.

쌩큐 풔 유얼 이-메일

답장이 늦어서 죄송해요.

I'm sorry I'm replying so late.

아임 쏘리 아임 리플라잉 쏘 레잇

그 목록을 저한테 이메일로 보내주시겠어요?

Would you send me the list by e-mail?

우쥬 샌 미 더 리슷 바이 이메일

첨부 파일을 봐주세요.

Please see the attached file.

플리즈 씨 디 어태취드 파일

팩스 번호가 어떻게 됩니까?

What's your fax number?

왓츠 유얼 팩스 넘버

그 서류를 팩스로 보내 주세요.

Please send the documents by fax.

플리즈 샌 더 도큐멘스 바이 팩스

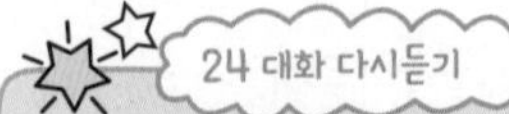

A: 이메일 보냈는데 되돌아왔던데요.

B: 뭐라고요? 언제요?

☐ ☐ ☐

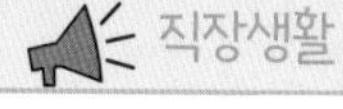

회의

A: **Let's postpone the meeting.**

렛츠 포슷폰 더 미팅

회의를 미룹시다.

B: **Until when?**

언틸 웬

언제까지요?

영어로 진행하는 회의에 참석하는 경우에 흐름을 깨지 않도록 제대로 알아듣고 정확하게 의사표시를 할 수 있도록 준비해야 해요. 회의 시작 전에 회의에 대해 알고 싶을 때 필요한 표현은 Where is the meeting?(회의 어디서 해요?) / What kind of meeting is this?(이거 무슨 회의예요?) / Who is attending?(누가 참석해요?) 등이 있어요.

Basic Expression

회의 중입니다.

I'm in a meeting.

아임 인 어 미팅

10분 후에 회의가 있어요.

I have a meeting in 10 minutes.

아이 해버 미팅 인 텐 미닛스

회의를 미룹시다.

Let's postpone the meeting.

렛츠 포슷포운 더 미팅

회의를 시작합시다.

Let's get down to business.

렛츠 겟 다운 투 비즈니스

다른 의견 없나요?

Any other suggestions?

애니 아더 석제스쳔스

여기서 마치겠습니다.

Let's wrap things up.

렛츠 랩 씽즈 업

25 대화 다시듣기

□ □ □

A: 회의를 미룹시다.

B: 언제까지요?

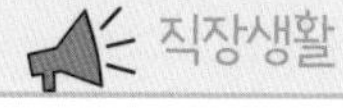

상담과 교섭

A: What is the minimum amount I can order?

와리즈 더 미니멈 어마운트 아이 캔 오더

주문 가능한 최소 수량은 얼마입니까?

B: It's 10 cartons.

잇츠 텐 카톤즈

10상자입니다.

Check Point!

상담과 교섭을 위해서는 용어를 잘 알아야 해요. do a market survey(시장 조사를 하다), analyze the market(시장을 분석하다), plan products(상품을 기획하다), profit and loss(손익), make sales(영업을 하다), order goods(물건을 주문하다), receive orders(주문을 받다), develop a new market(시장을 개척하다), look for clients(거래처를 물색하다)

그것들은 2개 1벌로 판매합니다.

We sell them in pairs.

위 셀 뎀 인 페어즈

가격은 개당 20달러입니다.

The unit price is twenty dollars.

더 유닛 프라이스 이즈 투웨니 달러즈

상자 무게는 30킬로그램입니다.

The box weighs thirty kilograms.

더 박스 웨이스 썰티 킬로그램스

그 안을 채택하겠습니다.

We will adopt the plan.

위 윌 어답 더 플랜

계약에 동의하십니까?

Do you agree with the contract?

두 유 어그리 윗 더 컨트렉트

이것은 계약위반입니다.

This is a breach of contract.

디시즈 어 브리취 옵 컨트렉트

A: 주문 가능한 최소 수량은 얼마입니까?

B: 10상자입니다.

학습일 / ☐

승진과 이동

A: **I got promoted!**

아이 갓 프로모팃

나 승진했어요!

B: **Wow, congratulations!**

와우, 컹그레츄에이션스

와우, 축하해요!

직장인들이 가장 바라는 것은 바로 승진이겠죠. 승진하면 연봉도 오르고 직장 내 위상도 높아지죠. '승진하다'를 표현할 때는 get one's step 또는 be promoted를 사용해요. I was promoted to a manager.(저 부장으로 승진했어요) 같은 회사나 조직 내의 다른 곳으로 옮길 때는 transfer (from A) to B(A에서 B로 옮기다, A에서 B로 전근 가다)로 표현해요.

나 승진했어요!

I got promoted!

아이 갓 프로모팃

그는 어제 좌천당했어요.

He was demoted yesterday.

히 워즈 디모팃 예스터데이

그녀는 몇 달 전에 해고됐어요.

She was fired a few months ago.

쉬 워즈 파이어드 어 퓨 먼스 어고우

그녀는 이곳에서 정규직으로 일하나요?

Is she working full-time here?

이즈 쉬 워킹 풀-타임 히얼

그는 임시직이에요.

He is a temp.

히 이즈 어 템

전근 신청을 했어요.

I put in for a transfer.

아이 풋 인 풔러 트랜스풔

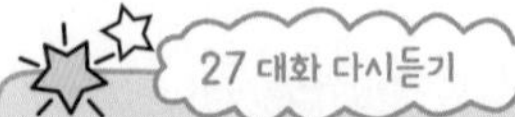

□ □ □

A: 나 승진했어요!

B: 와우, 축하해요!

Unit 28

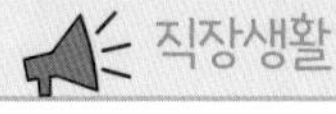

급여

Mini Talk

A: **I got a raise.**

아이 가러 레이즈

나 월급이 올랐어.

B: **Great! That's certainly good news.**

그레잇! 댓츠 써튼리 굿 뉴스

대단해! 듣던 중 반가운 소리네.

Check Point!

'급여' 하면 딱 떠오르는 말이 salary, pay, wage죠? 보수라는 의미로 가장 많이 쓰이는 것은 pay예요. salary는 주로 직장인들이 받는 정기적인 급여, 즉 월급이나 연봉이고, wage는 아르바이트나 일용직의 단기적인 급여, 즉 시급, 주급이에요. I get my salary every month.(나는 매달 월급을 받아요) / I get my wage every week.(나는 매주 주급을 받아요)

Basic Expression

나 월급이 올랐어요.

I got a raise.

아이 가러 레이즈

나 월급이 깎였어요.

I got a pay cut.

아이 가러 페이 컷

초봉이 얼마나 되나요?

What's the starting salary?

왓츠 더 스타팅 샐러리

월급날이 언제죠?

When's your payday?

웬즈 유얼 페이데이

보수는 괜찮아요.

The pay is decent.

더 페이 이즈 디센트

급여 인상을 요구하는 게 어때요?

Why don't you ask for a raise?

와이 돈츄 애슥 풔러 레이즈

A: 나 월급이 올랐어.

B: 대단해! 듣던 중 반가운 소리네.

☐ ☐ ☐

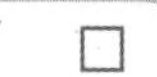

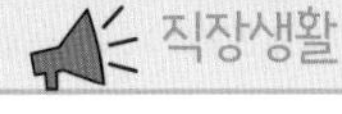

휴가

Mini Talk

A: **I'm taking vacation for a week.**

아임 테이킹 베케이션 풔러 윅

저는 1주일 동안 휴가예요.

B: **What are you doing during that time?**

워라유 두잉 듀어링 댓 타임

그동안 뭐 하실 거예요?

Check Point!

직장인이 쓸 수 있는 휴가는 아주 다양합니다. 유급휴가(Paid leave), 월차(Monthly leave), 연차(Annual leave), 출산휴가(Maternity leave), 병가(Sick leave), 사적인 휴가(Personal leave), 반차(half day leave), 경조휴가(congratulation and condolence leave), 대체휴무(floating holiday), 이월휴가(carried over leave), 육아휴직(childcare leave)

Basic Expression

오늘 하루 월차예요.

I'll take today off.

아일 테익 투데이 업

오늘 오후 반차예요.

I'm off this afternoon.

아임 업 디스 앱터눈

저는 내일부터 휴가예요.

My vacation begins tomorrow.

마이 베케이션 비긴스 터마로우

휴가 기간은 얼마나 되세요?

How long is your vacation?

하우 롱 이즈 유얼 베케이션

그는 병가를 냈어요.

He called in sick.

히 콜드 인 씩

어디로 휴가 가세요?

Where are you going on vacation?

웨어라유 고잉 온 베케이션

A: 저는 1주일 동안 휴가예요.

B: 그동안 뭐 하실 거예요?

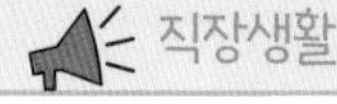

접대

A: Let me treat you to dinner.

렛 미 트릿 유 투 디너

저녁을 대접할게요.

B: Thanks, but I have a previous engagement this evening.

땡스, 벗 아이 해버 프리비어스

인게이쥐먼트 디스 이브닝

고맙지만, 오늘 저녁엔 선약이 있어서요.

개인적으로든 공적인 업무 성격으로든 누군가를 대접할 때는 상대방의 음식 취향과 문화적인 태도 등에 대해서 잘 알아보고 준비해야 하죠. 채식주의자를 고깃집에 데려가거나 생선을 싫어하는 사람을 횟집으로 모시면 안 되니까요. 마음만 있으면 통하기 마련이라고 쉽게 말들 하지만 사실 형식과 절차, 태도, 표현이 어쩌면 마음보다 더 중요하게 작용한답니다.

저녁을 대접할게요.

Let me treat you to dinner.

렛 미 트릿 유 투 디너

제가 점심 살게요.

I'll buy you lunch.

아일 바이 유 런치

제가 한 잔 사겠습니다.

I'll treat you a drink.

아일 트릿 유 어 드링크

언제가 좋으실까요?

When is it convenient for you?

웬 이짓 컨비니언트 풔 유

오늘 저녁에 할 일 있으세요?

Are you doing anything this evening?

알 유 두잉 애니씽 디스 이브닝

한 잔 더 하러 갑시다.

Let's go have another round.

렛츠 고 햅 어나더 롸운드

A: 저녁을 대접할게요.

B: 고맙지만, 오늘 저녁엔 선약이 있어서요.

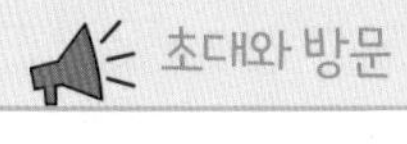

전화를 걸 때

A: **Hello, Is Jane there, please?**

헬로우, 이즈 제인 데얼, 플리즈

여보세요. 제인 있어요?

B: **Yes, speaking.**

예스, 스피킹

네, 전데요.

전화를 걸 때는 전화를 받는 상대가 누구냐에 따라 표현이 달라져요. 친구랑 직장 상사랑 거래처 사람이랑 똑같을 수는 없으니까요. 요즘은 모두 셀폰을 가지고 있으니까 굳이 바꿔달라든가, 자리에 있느냐 없느냐, 메시지를 남기느냐 마느냐 하는 표현을 배울 필요도 없어졌죠. 아주 간단하게 Is Jane in? 하고 묻기도 해요. 전화 받는 거 너지? 하는 식의 표현이죠.

Basic Expression

제인이니?

Is Jane in?

이즈 제인 인

제인 있어요?

Is Jane there, please?

이즈 제인 데얼, 플리즈

제인 좀 바꿔주세요.

May I speak to Jane?

메아이 스픽 투 제인

톰인데요, 제인 좀 바꿔주세요.

This is Tom calling for Jane.

디시즈 탐 콜링 풔 제인

제인과 통화하고 싶습니다.

I'd like to speak to Jane, please.

아이드 라익 투 스픽 투 제인, 플리즈

말씀 좀 전해주시겠어요?

Could you take a message?

쿠쥬 테이커 메시쥐

☐ ☐ ☐

A: 여보세요. 제인 있어요?

B: 네, 전데요.

전화를 받을 때

A: Hello, This is Jane calling for Tom.

헬로우, 디시즈 제인 콜링 풔 탐

여보세요, 제인인데요, 톰 좀 바꿔주세요.

B: I'm sorry, but he's not here at the moment.

아임 쏘리, 벗 히즈 낫 히얼 앳 더 모먼

미안하지만, 지금 없는데요.

외국어로 전화 통화를 할 때는 명료하고 간결하게 해야 합니다. 전화는 상대의 얼굴 표정이 보이지 않는 만큼 상대가 말하는 것을 정확히 알아듣는 것과 자기가 말하고자 하는 것을 명확하게 발음하는 것이 중요하니까요. 상대의 이름을 잘 알아듣지 못했으면 May I have your name again?(다시 한 번 성함을 말씀해 주시겠습니까?)이라고 분명하게 확인하세요.

잠깐만 기다리세요.

Just a moment, please.

저슷터 모먼, 플리즈

잠깐만요.

Hang on a sec.

행 오너 섹

제인 바꿀게요.

I'll get Jane.

아일 겟 제인

그이에게 전화 드리라고 할까요?

Do you want him to call you back?

두유 원ㅌ 힘 투 콜 유 백

지금 다른 전화를 받고 계십니다.

He's on another line right now.

히즈 온 어나더 라인 롸잇 나우

지금 회의 중입니다.

He's in a meeting.

히즈 인 어 미팅

☐ ☐ ☐

A: 여보세요, 제인인데요, 톰 좀 바꿔주세요.

B: 미안하지만, 지금 없는데요.

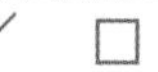

약속을 정할 때

A: Can I see you, today?

캔 아이 씨 유, 투데이

오늘 만날 수 있을까요?

B: I can't make it today, How about tomorrow?

아이 캔ㅌ 메이킷 투데이, 하우 어바웃 터마로우

오늘은 안 되겠는데, 내일은 어때요?

약속을 정할 때 시간과 장소는 대개 상대방의 사정에 맞추는 것이 일반적입니다. 특히 날짜나 시간은 정확하게 메모해 두는 습관을 들이는 것이 좋아요. 약속에 관한 표현은 일상생활에서 가장 사용 빈도가 높은 표현에 속하므로 When would it be convenient for you?(언제가 좋을까요?) / Can you make it?(괜찮겠어요?) 등의 일정한 상용표현을 마스터해 두세요.

지금 뵈러 가도 될까요?

May I call on you now?

메아이 콜 온 유 나우

명 시에 만날까요?

What time shall we meet?

왓 타임 쉘 위 밋

몇 시가 편해요?

What time is convenient for you?

왓 타임 이즈 컨비니언ㅌ 풔 유

몇 시가 가장 좋으세요?

What time is the best?

왓 타임 이즈 더 베슷

점심 약속 있으세요?

How are you fixed for lunch?

하우 알 유 픽스트 풔 런취

어디서 만날까요?

Where shall we meet?

웨얼 쉘 위 밋

A: 오늘 만날 수 있을까요?

B: 오늘은 안 되겠는데, 내일은 어때요?

약속 제의에 응답할 때

A: **Jane, why don't we have a drink after work?**

제인, 와이 돈ㅌ 위 해버 드링 앱터 웍

제인, 일 끝나고 한 잔 할래요?

B: **I'd love to.**

아이드 럽 투

좋아요.

Do you want to go watch movie tonight?(저녁에 영화 보러 갈래?) 누가 이렇게 물어 봤을 때 좋으면 Sure!(그래), 선약이 있을 때는 I have plans with my friends tonight.(오늘 저녁에 친구들이랑 약속 있어)라고 해야죠. 친구들과 만나는 것 같은 가벼운 약속에는 I have plans ~ 패턴으로 표현하고, 절대로 appointment나 promise를 쓰지 않는다는 점! 잊지 마세요.

좋아요.

That'll be fine.

댓일 비 파인

언제라도 좋을 때 오세요.

Come at any time you like.

컴 앳 애니 타임 유 라익

언제라도 좋아요.

Any time.

애니 타임

미안하지만 선약이 있어요.

Unfortunately, I have an appointment.

언풔처네이틀리, 아이 해번 어포인먼트

오늘은 안 되겠는데 내일은 어때요?

I can't make it today. How about tomorrow?

아이 캔ㅌ 메이킷 투데이. 하우 어바웃 터마로우

날짜를 다시 정할 수 있을까요?

Could we reschedule the date?

쿳 위 리스케쥴 더 데잇

□ □ □

A: 제인, 일 끝나고 한 잔 할래요?

B: 좋아요.

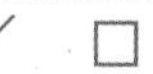

초대할 때

A: How about having dinner with me tonight?

하우 어버웃 해빙 디너 윗 미 투나잇

오늘밤에 저와 저녁식사 하실래요?

B: I'd love to. Where shall we meet?

아이드 럽 투. 웨얼 쉘 위 밋

좋아요. 어디서 만날까요?

초대는 더욱 가까이 지내고 싶다는 마음의 표시예요. 초대가 꼭 식사나 파티처럼 거창한 것에만 한정된 것은 아니니까요. 친한 사람에게는 Do you want to ~? / 그다지 친하지 않은 사람에게는 Would you like to ~? / 아직 어색한 사람에게는 I was wondering if you'd like to ~. 패턴을 쓰면 무난해요. I'd like to invite you ~.라고는 말하지 않는다는 점!

Basic Expression

저희 집에 오시겠어요?

Would you like to come to my place?

우쥬 라익 투 컴 투 마이 플레이스

저희집에 식사하러 오시겠어요?

Can you come over to my place for dinner?

캔 유 컴 오우버 투 마이 플레이스 풔 디너

언제 한번 놀러 오세요.

Please come and see me sometime.

플리즈 컴 앤 씨 미 썸타임

언제 한번 들르세요.

Please drop by sometime.

플리즈 드랍 바이 썸타임

언제 식사나 한번 같이 합시다.

Let's have lunch sometime.

렛츠 핻 런취 썸타임

제 생일 파티에 와 주세요.

Please come to my birthday party.

플리즈 컴 투 마이 벌쓰데이 파리

A: 오늘밤에 저와 저녁식사 하실래요?

B: 좋아요. 어디서 만날까요?

초대에 응답할 때

A: We're having a party tonight. Can you come?

위아 해빙 어 파리 투나잇. 캔 유 컴

오늘밤에 파티할 건데 올래?

B: Sure. I'll be there.

슈얼. 아일 비 데얼

그럼. 꼭 갈게.

상대의 초대를 기꺼이 받아들일 때는 Yes, I'd like that.(네, 좋아요) / That sounds great! Thanks.(좋아. 고마워) / Yes, OK.(그래, 좋아) 등으로 간단하게 대답해요. 하지만 거절할 때는 미안하니까 말이 좀 길어지죠. Sorry, I can't. It's my dad's birthday.(미안해. 그날 아빠 생일이야) / Sorry, but I'll going to aerobics.(미안해. 에어로빅 가야해)

좋아요.

Great!

그레잇

꼭 갈게요.

I'll be there.

아일 비 데얼

기꺼이 가겠습니다.

I'll be glad to come.

아일 비 글랫 투 컴

좋아요.

That sounds good.

댓 사운즈 굿

초대해 주셔서 감사합니다.

That's very kind of you.

댓츠 베리 카인드 옵 유

미안하지만 갈 수 없습니다.

I'm sorry I can't.

아임 쏘리 아이 캔ㅌ

A: 오늘밤에 파티할 건데 올래?

B: 그럼. 꼭 갈게.

□ □ □

방문할 때

A: **Am I too early?**

앰 아이 투 어얼리

제가 너무 일찍 왔나요?

B: **No, Alan and Emily are already here.**

노, 알렌 앤 에밀리 알 얼레이디 히얼

아니에요, 알렌과 에밀리가 벌써 와 있어요.

서양에서는 남의 집을 방문했을 때 집 주인이 들어오라고 말하기 전에는 안으로 들어가지 않아요. 문 앞에서 주인과 방문객이 얘기하는 장면, 영화에 많이 나오잖아요. 안에서 누구냐고 물으면 Hi. This is Andy.(안녕. 앤디야)라고 해요. 이때 I am ~이 아니라 This is ~를 쓴다는 것과 집주인이 들어오라고(Come on in)할 때까지 기다려야 한다는 것을 꼭 기억하세요.

Basic Expression

브라운 씨 댁입니까?

Is this Mr. Brown's residence?

이즈 디스 미스터 브라운즈 레지던스

브라운씨 계세요?

Is Mr. Brown in?

이즈 미스터 브라운 인

인사하려고 잠깐 들렀습니다.

I just dropped in to say hello.

아이 저슷 드랍트 인 투 세이 헬로우

나중에 다시 오겠습니다.

I'll come again later.

아일 컴 어게인 레이러

집이 깨끗하고 예쁘네요.

You have a bright and lovely home.

유 해버 브라잇 앤 러블리 홈

이거 받으세요.

Here's something for you.

히얼즈 썸씽 풔 유

A: 제가 너무 일찍 왔나요?

B: 아니에요, 알렌과 에밀리가 벌써 와 있어요.

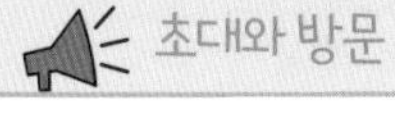

방문객을 맞이할 때

A: Please make yourself at home.

플리즈 메익 유어셀프 앳 홈

편하게 계세요.

B: Thank you. I feel at home already.

땡큐. 아이 필 앳 홈 얼레이디

고마워요. 이미 편안해요.

집에 손님이 오면 무엇보다 반갑게 맞이하는 것이 가장 큰 친절이죠. 문 앞에서 수다를 떠느라 손님이 Can I come in?(들어가도 될까요?)라고 묻게 되기 전에 얼른 Welcome. Come on in.(반가워요. 들어오세요)라고 말해요. 초대한 손님이라면 I've been waiting for you.(기다리고 있었어요)라고 말하면서 This way, please.(이쪽으로 오세요)라고 거실로 안내합니다.

어서 오세요.

You're most welcome.

유아 모슷 웰컴

와 줘서 정말 고마워요.

Thank you so much for coming.

땡큐 쏘 머치 풔 커밍

안으로 들어오세요.

Come in, please.

컴 인, 플리즈

앉으세요.

Please sit down.

플리즈 씻 다운

편히 계세요.

Please make yourself at home.

플리즈 메익 유얼셀프 앳 홈

우리 집을 구경시켜 드릴게요.

Let me show you around my house.

렛 미 쇼 유 어롸운 마이 하우스

□ □ □

A: 편하게 계세요.

B: 고마워요. 이미 편안해요.

방문객을 대접할 때

A: **Would you like some more dessert?**

우쥬 라익 썸 모어 디젓

디저트 좀 더 드실래요?

B: **No, thanks, I'm stuffed.**

노, 땡스, 아임 스텁트

고맙지만 배불러요.

손님이 자기 집처럼 편안하게 느끼도록 할 수 있다면 최고의 대접이죠. Make yourself comfortable.(편히 계세요) / (It is) so glad you came!(와주셔서 정말 기뻐요!)라고 말하고 나면 우선 마실 것을 권하는 것이 예의예요. Would you like something to drink?(마실 것 좀 드릴까요?) 손님이 뭔가를 마시겠다고 대답하면 Coming right up!(당장 대령할게요!)라고 해요.

저녁식사 준비 됐어요.

Dinner is ready.

디너 이즈 레디

한국 음식 좋아하세요?

Do you like Korean food?

두 유 라익 코리언 풋

많이 드세요.

Please help yourself.

플리즈 헬프 유얼셀프

입맛에 맞으시면 좋겠어요.

I hope you like it.

아이 홉 유 라이킷

후식으로 이 초콜릿 푸딩을 드셔 보세요.

Try this chocolate pudding for dessert.

트라이 디스 초콜릿 푸딩 풔 디젓

디저트 좀 더 드실래요?

Would you like some more dessert?

우쥬 라익 썸 모어 디젓

A: 디저트 좀 더 드실래요?

B: 고맙지만 배불러요.

방문을 마칠 때

Mini Talk

A: I've had a great time. Thank you.

아이브 해더 그레잇 타임. 땡큐

정말 즐거웠어요. 감사합니다.

B: Oh, the pleasure was all mine.

오, 더 프레저 워즈 올 마인

아니에요, 오히려 제가 즐거웠어요.

Check Point!

식사 초대였다면 밥을 먹고 나서 I'm so full.(완전 배불러요) / I ate way too much!(너무 많이 먹었어요) 등으로 잘 먹었다는 표현을 하죠. 나도 그렇다고 말할 때는 So am I. 또는 Me too.라고 표현해요. 손님이 돌아갈 때 주인은 Have a safe drive and we will see you soon.(운전 조심하시고 곧 또 만나요)라고 인사하고 손님은 Thanks again! Bye!라고 인사해요.

Basic Expression

이제 가봐야겠어요.

I think I should get going.

아이 씽카이 슈드 겟 고잉

이렇게 늦었는지 몰랐어요.

I didn't realize how late it was.

아이 디든ㅌ 리얼라이즈 하우 레이릿 워즈

정말 맛있는 식사였어요.

Thank you for the nice dinner.

땡큐 풔 더 나이스 디너

이야기 즐거웠어요.

I've enjoyed talking with you.

아이브 인조이드 토킹 위듀

정말 즐거웠어요.

I've really enjoyed myself.

아이브 리얼리 인조이드 마이셀프

우리 집에 언제 한번 오세요.

Come over to my place sometime.

컴 오버 투 마이 플레이스 썸타임

A: 정말 즐거웠어요. 감사합니다.

B: 아니에요, 오히려 제가 즐거웠어요.

은행에서

A: Can I change some money here?

캔 아이 체인쥐 썸 머니 히얼

여기서 돈을 바꿀 수 있나요?

B: No, sir. You've got to go to window 5.

노, 써ㄹ. 유브 갓 투 고 투 윈도우 파입

아닙니다, 선생님.
5번 창구로 가셔야 합니다.

은행에서 환전을 하고 싶을 때는 Change these to dollars, please.(이것을 달러로 바꿔 주세요), 계좌를 만들고 싶을 때는 I would like to open an account.(계좌를 개설하고 싶어요), 단기간의 여행을 할 때는 은행이나 환전소(Exchange Bureau)를 이용하는 것으로 충분하지만 장기간 체류하는 경우에는 은행에 계좌를 만들어 놓는 것이 여러 모로 편리해요.

현금자동지급기는 어디 있어요?

Where is the ATM?

웨어리즈 디 에이티엠

은행 카드를 잃어버렸어요.

I've lost my bank card.

아이브 로숫 마이 뱅카드

달러로 계산하면 얼마가 되죠?

How much is it in dollars?

하우 머취 이짓 인 달러즈

100달러를 잔돈으로 바꿔주시겠어요?

Can you break a 100-dollar bill?

캔유 브레익 어 원 헌드렛 달러 빌

이 여행자 수표를 현금으로 바꿔주세요 .

I'd like to cash this traveler's check.

아이드 라익 투 캐시 디스 트래블러즈 첵

계좌를 개설하고 싶은데요.

I'd like to open an account.

아이드 라익 투 오픈 언 어카운트

A: 여기서 돈을 바꿀 수 있나요?

B: 아닙니다, 선생님. 5번 창구로 가셔야 합니다.

학습일 / ☐

우체국에서

A: **I'd like to send this to Korea.**
아이드 라익 투 샌 디스 투 코리아
이것을 한국으로 부치고 싶습니다.

B: **Surface mail, airmail, or special delivery?**
써페이스 메일, 에어메일, 오어 스페셜 딜리버리
보통우편, 항공우편, 특급배송이 있는데요.

아무리 인터넷 시대라 해도 짐은 우체국에 가서 부쳐야죠. 우체국에서 쓸 수 있는 기본 표현은 반드시 익혀둬야 해요. Where can I buy stamps?(우표는 어디서 사요?) / Where can I put this?(이거 어디에 넣어요?) / By airmail, please.(항공편으로 부탁해요) / By seamail[surface mail], please.(선편으로 부탁해요) 선편은 가격은 싸지만 오래 걸려요.

우표 10장 주세요.

Ten stamps, please.

텐 스템스, 플리즈

여기서 소포용 박스를 파나요?

Do you have parcel boxes here?

두 유 햅 파셀 박시즈 히얼

이 소포를 항공편으로 보내주세요.

Send this package by airmail, please.

샌 디스 패키지 바이 에어메일, 플리즈

서울까지 얼마나 걸릴까요?

How long will it take to reach Seoul?

하우 롱 윌 잇 테익 투 리취 서울

항공우편 요금은 얼마예요?

What's the air mail rate?

왓츠 디 에어 메일 레잇

등기로 해주세요.

I'd like to send it by registered mail.

아이드 라익 투 샌딧 바이 레지스텃 메일

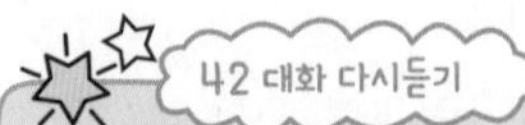

A: 이것을 한국으로 부치고 싶습니다.

B: 보통우편, 항공우편, 특급배송이 있는데요.

이발소에서

A: **How would you like to do your hair?**

하우 우쥬 라익 투 두 유어 헤어

머리 모양을 어떻게 해드릴까요?

B: **Just a trim, please.**

저슷터 트림, 플리즈

다듬기만 해주세요.

우리는 이발소에 아무 때나 가지만 서구에서는 미리 예약을 하고 가는 것이 일반적이에요. How should I style it?(어떤 스타일로 해드릴까요?)라고 물으면 자신이 원하는 헤어스타일을 말하고 나서, 면도를 할 것인지, 이발만 할 것인지, 머리를 감을 것인지, 드라이를 할 것인지 등을 미리 말해야 해요. 특별히 원하는 것을 말하지 않으면 보통 커트만 해주거든요.

Basic Expression

이발을 하고 싶은데요.

I would like to have a haircut.

아이 우드 라익 투 해버 헤어컷

이발과 면도를 해 주세요.

A haircut and shave, please.

어 헤어컷 앤 쉐이브, 플리즈

이발만 해주세요.

Just a haircut, please.

저스터 헤어컷, 플리즈

약간만 다듬어 주세요.

Just a little trim.

저스터 리를 트림

너무 짧게 하지 마세요.

Not too short, please.

낫 투 숏, 플리즈

머리를 염색하고 싶은데요.

I'd like to dye my hair.

아이드 라익 투 다이 마이 헤어

□ □ □

A: 머리 모양을 어떻게 해드릴까요?

B: 다듬기만 해주세요.

미용실에서

A: How about getting a perm?

하우 어바웃 겟링 어 펌

파마를 하시는 게 어때요?

B: OK, then a soft perm, please.

오케이, 댄 어 소프트 펌, 플리즈

좋아요. 약하게 파마를 해 주세요.

외국 미용실 중에는 간혹 파마를 아예 안 하는 곳도 있으니까 전화로 예약할 때 꼭 확인하고 필요한 표현도 미리 알아둬야 해요. I just want a haircut.(머리만 잘라주세요) / Just a root-touch up.(뿌리만 염색해주세요) / I'd like to get highlights.(하이라이트해주세요) Highlights/Lowlights는 현재 머리색보다 밝게/어둡게 전체적 들어가는 부분염색이에요.

Basic Expression

오늘 오후 3시에 예약하고 싶은데요.

I'd like to have an appointment for 3 p.m.?

아이드 라익 투 해번 어포인트먼ㅌ 풔 쓰리 피엠

머리는 어떻게 해드릴까요?

How would you like your hair done?

하우 우쥬 라익 유얼 헤어 던

이 헤어스타일이 요즘 유행이에요.

This hairstyle is the latest fashion.

디스 헤어스타일 이즈 더 래잇티슷 패션

여기까지 짧게 잘라주실래요?

Can you cut it short, up to here?

캔 유 컷 잇 숏, 업 투 히얼

앞머리는 앞으로 내주세요.

I'd like to cut some bangs.

아이드 라익 투 컷 썸 뱅스

자연스럽게 해 주세요.

I want a casual hairdo.

아이 워너 캐주얼 헤어두

A: 파마를 하시는 게 어때요?

B: 좋아요. 약하게 파마를 해 주세요.

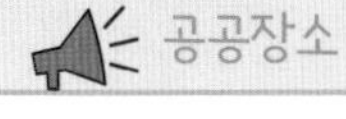

세탁소에서

A: May I help you?

메아이 핼프 유

무엇을 도와 드릴까요?

B: I need to get this suit dry cleaned.

아이 닛 투 겟 디스 슛 드라이 클린드

이 셔츠 좀 드라이해 주세요.

계절이 바뀌면 평소보다 세탁소를 이용할 일이 많이 생겨요. 외국에서 세탁소를 이용할 때라도 필요한 표현들은 대개 정해져 있으니까 그리 어렵지 않아요. 세탁소(laundry)와 관련된 기본 숙어는 take one's clothes to a laundry(세탁소에 옷을 맡기다) / pick up the laundry(세탁소에서 세탁물을 찾다)예요. 빨래방(coin laundry)을 이용하면 싸고 간편해요.

Basic Expression

이 양복 드라이해 주세요.

I need to get this suit dry cleaned.

아이 닛 투 겟 디스 슛 드라이 클린드

이 얼룩 좀 빼주세요.

Can you remove the stains?

캔 유 리무브 더 스테인즈

언제쯤 다 될까요?

When is it ready?

웬 이즈 잇 레디

이 바지 단 좀 줄여주실래요?

Can you hem these pants?

캔 유 햄 디즈 팬츠

세탁비용은 얼마예요?

How much do you charge for laundry?

하우 머취 두 유 차쥐 풔 런드리

내일 아침까지 이 셔츠가 필요해요.

I need this shirt by tomorrow morning.

아이 닛 디스 셧 바이 터마로우 모닝

A: 무엇을 도와 드릴까요?

B: 이 셔츠 좀 드라이해 주세요.

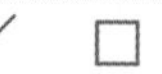

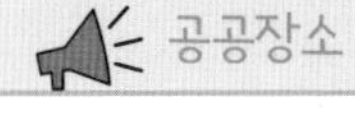

부동산에서

A: **It's a very solid house.**

잇츠 어 베리 솔리드 하우스

아주 튼튼한 집이에요.

B: **Yes, it is. How much is the monthly rent?**

예스, 이리즈. 하우 머치 이즈 더 먼쓸리 렌트

네, 그러네요. 월세는 얼마예요?

외국으로 이민을 가거나 유학 또는 장기적으로 체류하기 위해서는 가정 먼저 거주지를 마련해야 하죠. 집이나 사무실을 빌리려면 기초적인 부동산 용어 정도는 알아야 해요. 부동산은 property 또는 real estate라고 하는데 real estate는 '부동산 중개업'이라는 의미로 쓰기도 해요. 대개 월세로 집이나 방을 빌리게 되는데 monthly rent 또는 monthly lease라고 해요.

Basic Expression

원룸을 빌리고 싶은데요.

I want to rent a studio.

아이 원투 렌터 스튜디오

방 두 개짜리 아파트를 찾고 있어요.

I'm looking for a two bedroom apartment.

아임 룩킹 풔러 투 배드룸 아파트먼ㅌ

월세는 얼마예요?

How much is the monthly rent?

하우 머취 이즈 더 먼쓸리 렌트

언제 입주할 수 있어요?

When can I move in?

웬 캔 아이 무브 인

보증금은 돌려받을 수 있나요?

Is the deposit refundable?

이즈 더 디파짓 리펀더블

아파트 좀 보여주시겠어요?

Would you mind showing me the apartment?

우쥬 마인드 쇼우잉 미 디 아파트먼ㅌ

46 대화 다시듣기

A: 아주 튼튼한 집이에요.

B: 네, 그러네요. 월세는 얼마예요?

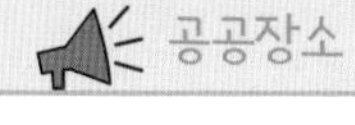

관공서에서

A: **Are you an American citizen?**

알 유 언 어메리컨 씨티즌

당신은 미국 시민입니까?

B: **I am a green card holder.**

아이 엠 어 그린 카드 홀더

나는 영주권자입니다.

담당자를 찾을 때는 Do you know who's in charge of visa certification?(어느 분이 비자 등록을 담당하세요?) / Which department should I go to?(어느 부서로 가야 해요?) 등으로 묻고, 담당자를 찾으면 접수를 해요. I'd like to register as a resident.(거주민 등록을 하고 싶어요) / What document do I have to fill out?(작성해야 할 서류가 뭐예요?)

Basic Expression

이민국이 어디에 있죠?

Where is the Immigration office?

웨어리즈 더 이미그레이션 어피스

여권을 보여주시겠습니까?

May I see your passport?

메아이 씨 유얼 패스폿

얼마나 체류할 겁니까?

How long will you stay?

하우 롱 윌 유 스테이

무슨 일을 합니까?

What is your occupation?

와리즈 유얼 어큐페이션

방문 목적이 뭡니까?

What is the purpose of your visit?

와리즈 더 펄퍼스 옵 유얼 비짓

현금을 얼마나 갖고 있습니까?

How much cash are you carrying?

하우 머치 캐시 알 유 캐링

□ □ □

A: 당신은 미국 시민입니까?

B: 나는 영주권자입니다.

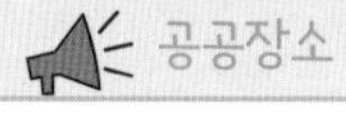

경찰서에서

A: What's up?

왓츠 업

무슨 일이세요?

B: I have to report a theft.

아이 햅 투 리폿 어 쎕트

도난 신고를 하려고요.

해외여행을 가서 경찰서를 찾을 일이 없어야겠지만 문제가 생겼을 때는 어쩔 수 없죠! 경찰서에서 쓸 수 있는 기본표현을 알고 있다면 갑작스러운 일에도 당황하지 않고 말할 수 있을 거예요. I have to report a theft.(도난 신고를 하려고요) / I had my wallet stolen with my passport.(여권과 지갑을 뺏겼어요) / My pocket must have been picked.(주머니를 털렸어요)

Basic Expression

지갑을 도둑맞았어요.

I had my purse stolen.

아이 햇 마이 펄스 스톨른

여권을 잃어버렸어요.

I have lost my passport.

아이 햅 로슷 마이 패스풋

자동차 사고가 났어요.

We've had a car accident.

위브 해더 카ㄹ 액시던트

내 잘못이 아니었어요.

It was not my fault.

잇 워즈 낫 마이 폴트

한국대사관에 전화를 좀 걸어주세요.

Please call the Korean Embassy.

플리즈 콜 더 코리언 엠버시

변호사와 얘기하고 싶어요.

I want to talk to a lawyer.

아이 원투 톡 투 어 로이어

A: 무슨 일이세요?

B: 도난 신고를 하려고요.

☐ ☐ ☐

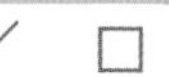

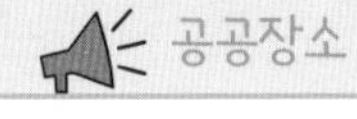

미술관 • 박물관에서

A: **Excuse me, may I use a flash here?**

익스큐즈 미, 메이 아이 유즈 어 플래쉬 히얼

저기요, 여기서 플래시를 사용해도 되나요?

B: **No. It's not allowed anywhere within this museum.**

노. 잇츠 낫 얼라웃 애니웨얼
위든 디스 뮤지엄

아니요. 이 박물관의 어디서든 안 됩니다.

해외여행을 가면 거의 필수적으로 그 나라의 유명한 미술관과 박물관을 돌아보게 되는데요. 관람할 때 지켜야 할 규칙이나 예절 등은 어느 나라나 다 똑같으니까 팻말이나 표지판을 주의해서 보면 실수할 일은 없죠. Free admission(무료입장)인 곳도 꽤 많고, No photography(사진촬영 금지)라는 표지가 있는 곳에서는 절대로 사진을 찍으면 안 돼요.

만지지 마세요.

Don't touch it.

돈ㅌ 터칫

여기서 사진 찍어도 돼요?

Can I take a picture here?

캔 아이 테이커 픽춰 히얼

여기서 플래시를 사용해도 되나요?

May I use a flash here?

메아이 유즈 어 플래쉬 히얼

입장료는 얼마예요?

How much is the admission fee?

하우 머취 이즈 디 어드미션 피

어른 두 장 주세요.

Two adults, please.

투 어덜츠, 플리즈

오후 6시에 폐관합니다.

The closing time is 6 p.m.

더 클로징 타임 이즈 식스 피엠

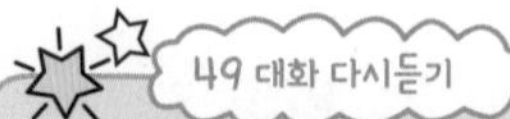

A: 저기요, 여기서 플래시를 사용해도 되나요?

B: 아니요. 이 박물관의 어디서든 안 됩니다.

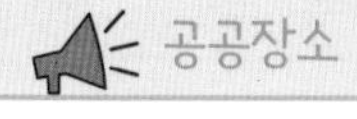

도서관에서

A: I want to check this book out.

아이 원투 첵 디스 북 아웃

이 책을 대출하고 싶어요.

B: May I see your library card?

메아이 씨 유얼 라이브러리 카드

도서관 카드를 좀 보여주시겠어요?

외국에서 도서관을 이용할 때도 우리나라랑 똑같아요. 조용히 하고, 휴대전화는 꺼놓는 등의 규칙과 예절을 지켜야 하죠. 도서관 카드를 만들 때 필요한 표현, 책을 빌리거나 반납하는 표현, 대출기간이 얼마나 되는지, 한 번에 몇 권까지 빌릴 수 있는지, 연체료는 얼마인지 정도만 알아두면 도서관을 이용하는 데 거의 불편이 없을 거예요.

이 책 빌릴 수 있나요?

Can I borrow this book?

캔 아이 바로우 디스 북

책 대출 기간이 얼마나 되죠?

How long can I keep these books?

하우 롱 캔 아이 킵 디즈 북스

이 책들의 대출 기간을 연장할 수 있어요?

May I renew these books?

메아이 리뉴 디즈 북스

몇 권까지 빌릴 수 있어요?

How many books can I check out?

하우 매니 북스 캔 아이 체카웃

이 책들 반납할게요.

I'd like to return these books.

아이드 라익 투 리턴 디즈 북스

도서관 안에서 휴대폰을 사용하지 마세요.

Do not use a cellphone in the library.

두 낫 유즈 어 셀포운 인 더 라이브러리

A: 이 책을 대출하고 싶어요.

B: 도서관 카드를 좀 보여주시겠어요?

병원에서

Mini Talk

A: Excuse me, where's the reception desk?

익스큐즈 미, 웨얼즈 더 리셉션 데슥

실례합니다. 접수처가 어디 있어요?

B: Go up this way, it's on your right side.

고 업 디스 웨이, 잇츠 온 유얼 롸잇 사이드

이 길로 곧장 가시면 오른쪽에 있습니다.

Check Point!

외국에서 병원에 가려면 언어도 다르고 시스템도 다르고 보험 체계도 다르고 정말 난감하죠. 진료 과목 명칭은 내과 Internal Medicine, 산부인과 OB & Gyn, 안과 Ophthalmology, 소아과 Pediatrics, 정신과 Psychiatry, 치과 Dentistry, 성형외과 Plastic Surgery, 피부과 Dermatology, 정형외과 Orthopedics, 이비인후과 Otolaryngology/ENT 등이 있어요.

Basic Expression

이 근처에 병원이 있습니까?

Is there a hospital near here?

이즈 데어러 하스피털 니어 히얼

병원으로 데려가 주세요.

Could you take me to a hospital, please?

쿠쥬 테익 미 투 어 하스피털, 플리즈

진료예약을 할 수 있을까요?

Can I make a doctor's appointment?

캔 아이 메이커 닥터스 어포인트먼ㅌ

외래환자 입구는 어디입니까?

Where's the entrance for out-patients?

웨얼즈 디 엔트런스 풔 아웃-페이션츠

접수창구는 어디입니까?

Where's the reception desk?

웨얼즈 더 리셉션 데스크

진료실은 어디입니까?

Where's the doctor's office?

웨얼즈 더 닥터스 어피스

□ □ □

A: 실례합니다. 접수처가 어디 있어요?

B: 이 길로 곧장 가시면 오른쪽에 있습니다.

증세를 물을 때

A: **Is something wrong with you?**

이즈 썸씽 렁 위듀

어디가 아프세요?

B: **I have a headache.**

아이 해버 헤드에익

머리가 아파요.

진찰을 받을 때는 의사가 물어보는 내용을 잘 이해하고 대답해야 해요. 병원에 가기 전에 What brings you here?(어떻게 오셨어요?) / What are your symptoms?(어디가 불편하세요?) / When did it start hurting.(언제부터 아팠어요?) / How dose it hurt?(어떻게 아프세요?) / Are you allergic to anything?(알레르기 있어요?) 등의 질문을 미리 알아두세요.

Basic Expression

어디가 아파서 오셨습니까?

What brings you in?

왓 브링스 유 인

여기가 아픕니까?

Have you any pain here?

해뷰 애니 페인 히얼

어디가 아프세요?

Where do you have pain?

웨얼 두 유 햅 페인

이렇게 아픈지 얼마나 됐습니까?

How long have you had this pain?

하우 롱 해뷰 햇 디스 페인

또 다른 증상이 있습니까?

Do you have any other symptoms with it?

두 유 햅 애니 아더 심텀즈 위드 잇

오늘은 좀 어떠세요?

How do you feel today?

하우 두 유 필 투데이

A: 어디가 아프세요?

B: 머리가 아파요.

☐ ☐ ☐

증상을 설명할 때

A: **How long have you been coughing?**

하우 롱 해뷰 빈 커핑

기침한 지 얼마나 됐어요?

B: **Oh, about three days.**

오, 어바웃 쓰리 데이즈

아, 한 사흘쯤 됐어요.

의사에게 증세를 설명하려면 미리 자신의 증세에 맞는 표현을 구체적으로 다양하게 준비해야 해요. I have a rash on my arm, and It's very itchy.(팔에 두드러기가 났는데 무척 간지러워요) a rash는 홍역이나 알레르기로 피부에 난 두드러기이고, 근질근질하고 가려운 것은 itchy예요. I have a stiff neck.(목이 뻐근해요) / I've lost my appetite.(식욕이 없어요)

Basic Expression

어지러워요.

I feel dizzy.

아이 필 디지

구역질이 나요.

I feel nauseous.

아이 필 노우시어스

식욕이 없어요.

I don't have any appetite.

아이 돈ㅌ 햅 애니 애퍼타잇

배탈이 났어요.

My stomach is upset.

마이 스터먹 이즈 업셋

눈이 피곤해요.

My eyes feel tired.

마이 아이즈 필 타이어드

콧물이 나요.

I have a runny nose.

아이 해버 러니 노우즈

A: 기침한 지 얼마나 됐어요?

B: 아, 한 사흘쯤 됐어요.

□ □ □

아픈 곳을 말할 때

Mini Talk

A: **My eyes get red and tired easily.**

메이 아이즈 겟 레드 앤 타이어드 이즐리

눈이 쉬 충혈되고 피곤해요.

B: **Put your forehead on here.**

풋 유얼 풔헤드 온 히얼

이마를 여기에 대세요.

Check Point!

ache는 headache(두통), toothache(치통)처럼 특정 신체 부위가 지속적으로 아프지만 심각하진 않은 통증을 말하고, pain은 ache보다 더 아프고 갑작스러워서 그냥 넘어갈 수 없는 통증을 말해요. 날카롭고 심한 고통은 a sharp pain, 약해서 견딜만한 고통은 a dull pain이에요. I ache all over.(온몸이 다 아파요) / I have chest pain.(가슴에 통증이 있어요)

Basic Expression

머리가 아파요.

I have a headache.

아이 해버 헤데익

눈이 따끔거려요.

My eyes feel sandy.

마이 아이즈 필 샌디

이가 아파요.

I have a toothache.

아이 해버 투쎄익

목이 아파요.

I have a sore throat.

아이 해버 소어 쓰롯

무릎이 아파요.

I have a pain in my knee.

아이 해버 페인 인 마이 니

어깨가 뻐근해요.

My shoulders are stiff.

마이 숄더즈 알 스팁

A: 눈이 쉬 충혈되고 피곤해요.

B: 이마를 여기에 대세요.

☐ ☐ ☐

검진을 받을 때

A: **Have you ever had any serious problems?**

해뷰 에버 햇 애니 시리어스 프라블럼스

큰 질병을 앓은 적이 있으세요?

B: **Yes, I had tuberculosis when I was a child.**

예스, 아이 햇 투버큘러시스 웬 아이 워즈 어 좌일드

네, 어릴 때 결핵을 앓았습니다.

건강검진은 medical check-up이라고 해요. I'm here for a check-up.(건강검진 받으러 왔어요) 주요 검사 항목은 physical examination(신체검사) / breast cancer screening(유방암 검사) / a blood test(혈액검사) / a urine test(소변검사) / gastroscopy(위 내시경) / colonoscopy(대장 내시경) / conscious sedation endoscopy(수면 내시경) 등이 있어요.

진찰해 봅시다.

Let me see.

렛 미 씨

누우세요.

Please lie down.

플리즈 라이 다운

체온을 재 봅시다.

Let's take your temperature.

렛츠 테익 유얼 템퍼레춰

혈압을 재 봅시다.

Let's take your blood pressure.

렛츠 테익 유얼 블러드 프레슈어

목을 검사해 보겠습니다.

Let me examine your throat.

렛 미 익재민 유얼 쓰롯

내려오세요.

Get down.

겟 다운

A: 큰 질병을 앓은 적이 있으세요?

B: 네, 어릴 때에 결핵을 앓았습니다.

☐ ☐ ☐

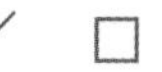

병원

수술을 받을 때

Mini Talk

A: Amy out of surgery yet?

에이미 아우롭 써저리 옛

에이미는 수술 끝났어요?

B: No, not yet. She should be soon.

노, 낫 옛. 쉬 슈드 비 쑨

아직요, 곧 끝날 거예요.

Check Point!

수술은 surgery 또는 an operation으로 표현해요. 간(liver)이나 신장(a kidney)의 이식수술은 a transplant, 수혈은 a transfusion, 수술보다 무섭다는 합병증은 complications이에요. 수술을 결정하기 전에 꼭 물어보는 말은 Are you taking any medication?(복용하고 있는 약이 있어요?) / Have you ever had any operations? (수술을 받으신 병력이 있어요?)

Basic Expression

몇 가지 검사를 해야겠어요.

We'll need to run some tests.

위일 닛 투 런 썸 테슷츠

수술을 해야 하나요?

Am I going to need surgery?

엠 아이 고잉 투 닛 써저리

수술같은 것은 안 받았어요.

I didn't have any operations or anything.

아이 디든ㅌ 해버니 아퍼레이션스 오어 애니씽

수술은 안 해도 될 것 같습니다.

We won't have to do surgery.

위 원ㅌ 햅 투 두 써저리

수술은 잘 되었습니다.

The surgery was fine.

더 써저리 워즈 퐈인

합병증은 없습니다.

There were no complications.

데얼 워 노 캄플케이션스

□ □ □

A: 에이미 수술은 끝났어요?

B: 아직요, 곧 끝날 거예요.

입원 또는 퇴원할 때

A: When can I leave the hospital?

웬 캔 아이 리브 더 하스피털

언제 퇴원할 수 있죠?

B: You'll be ready in a week.

유일 비 레디 인 어 윅

일주일 후에는 퇴원해도 될 겁니다.

'병원에 입원하다'는 go into a hospital / enter a hospital / be hospitalized 라고 표현해요. 그냥 간단하게 I am hospitalized. / I am in the hospital. / I stay in the hospital.라고 해도 되고요. '병원에서 퇴원하다'는 leave the hospital / get out of the hospital, be discharged from the hospital이라고 표현해요.

Basic Expression

1인실로 주세요.

I want to have a private room.

아이 원투 해버 프리베잇 룸

공동 병실도 괜찮아요.

I'll be all right in a ward.

아일 비 올 롸잇 인 어 워드

꼭 입원해야 하나요?

Do I have to go to the hospital?

두 아이 햅 투 고 투 더 하스피틀

얼마나 입원해야 해요?

How long will I have to be in the hospital?

하우 롱 윌 아이 햅 투 비 인 더 하스피틀

입원해도 보험이 적용될까요?

Will my insurance policy cover hospitalization?

윌 마이 인슈어런스 폴리시 커버 하스피틀라이제이션

언제 퇴원할 수 있죠?

When can I leave the hospital?

웬 캔 아이 리브 더 하스피틀

☐ ☐ ☐

A: 언제 퇴원할 수 있죠?

B: 일주일 후에는 퇴원해도 될 겁니다.

치과에서

A: **I'm going to numb it up now.**

아임 고잉 투 넘 이럽 나우

마취 주사를 놓을게요.

B: **Yes, but be sure to numb it up good.**

예스, 벗 비 슈어 투 넘 이럽 굿

네, 안 아프게 해주세요.

치과에서는 대개 전문적인 용어를 쓰기 때문에 기본적인 용어를 알아야 의사의 말을 알아들을 수 있어요. 치과치료는 Dental treatment, 치통은 Toothache, 스켈링은 Cleaning이에요. 충치(cavity), 충치치료(filling the cavities), 치태(plaque), 치석(tartar), 신경치료(root canal treatment), 잇몸치료(gum treatment), 치아미백(whitening) 등도 알아두세요.

Basic Expression

입을 벌리세요.

Please open your mouth.

플리즈 오픈 유얼 마우스

충치가 몇 개 있어요.

You have several cavities.

유 햅 세브럴 캐버티즈

잇몸에 염증이 있어요.

You have gingivitis.

유 햅 진지바이터스

입을 헹구세요.

Please rinse your mouth.

플리즈 린스 유얼 마우스

치석을 제거해야 해요.

You need a scaling.

유 니더 스케일링

뱉으세요.

Please spit.

플리즈 스핏

A: 마취 주사를 놓을게요.

B: 네, 안 아프게 해주세요.

☐ ☐ ☐

병문안할 때

Mini Talk

A: **Please take care of yourself.**

플리즈 테익 케어롭 유어셀프

몸조리 잘 하세요.

B: **Thank you for coming by.**

땡큐 풔 커밍 바이

와줘서 고마워요.

Check Point!

누가 병원에 입원했다는 소식을 들으면 마음이 편치 않아요. 요즘은 병문안이 오히려 환자에게 폐가 된다는 인식 때문에 아주 가까운 사람이 아니면 문자나 이메일, SNS 등으로 병문안을 하는 추세예요. get better/get well(낫다, 쾌유하다)를 써서 I am sorry to hear that you are not feeling well. Get well soon!(편찮으시다면서요? 빨리 회복하세요!)라고 위로하세요.

면회 시간은 언제죠?

What time are visiting hours?

왓 타임 알 비짓팅 아워즈

외과 병동은 어디 있어요?

Where is the surgical ward?

웨어리즈 더 서지컬 워드

생각보다 건강해 보이네요.

You look better than I expected.

유 룩 베러 댄 아이 익스펙팃

틀림없이 곧 완쾌될 겁니다.

I'm sure you'll be completely cured.

아임 슈어 유일 비 컴플리틀리 큐엇

편하게 생각하고 푹 쉬세요.

Just take everything easy and relax.

저슷 테익 애브리씽 이지 앤 릴렉스

몸조리 잘 하세요.

Please take good care of yourself.

플리즈 테익 굿 케어롭 유얼셀프

A: 몸조리 잘 하세요.

B: 와줘서 고마워요.

□ □ □

약국에서

A: How many times a day should I take this?

하우 메니 타임즈 어 데이 슈다이 테익 디스

하루에 몇 번 먹어요?

B: You should take it every four hours.

유 슈드 테이킷 에브리 풔 아워즈

4시간마다 드세요.

약국은 pharmacy와 drugstore 두 종류가 있는데, 영국이나 미국의 약국은 보통 마트 안에 있어요. pharmacy는 약과 의약품을 조제하고 판매하는 곳, 즉 우리식 약국이에요. drugstore는 의약품뿐만 아니라 신문, 캔디, 비누 등의 여러 가지 상품을 함께 파는 약국이에요. 처방전이 필요 없는 종류의 약, 응급상자용 비상약품은 모두 이곳에서 구입할 수 있어요.

Basic Expression

이 약은 처방전이 필요합니까?

Is this a prescription drug?

이즈 디즈 어 프리스크립션 드럭

이 처방전을 조제해 주시겠어요?

Would you make up this prescription, please?

우쥬 메이컵 디스 프리스크립션, 플리즈

붕대와 거즈 주세요.

I'd like some bandages and gauze.

아이드 라익 썸 밴디지스 앤 거즈

감기약 주세요.

I'd like some medicine for the cold.

아이드 라익 썸 메디슨 풔 더 콜드

여기 진통제가 들어 있습니까?

Is there any pain-killer in this?

이즈 데얼 애니 페인-킬러 인 디스

이 약을 먹으면 통증이 가라앉을까요?

Will this medicine relieve my pain?

윌 디스 메디슨 릴리브 마이 페인

A: 하루에 몇 번 먹어요?

B: 4시간마다 드세요.

☐ ☐ ☐